张军龙 ◎主编

师范专业教育实习
全程指导——初教心路

中国社会科学出版社

图书在版编目(CIP)数据

师范专业教育实习全程指导:初教心路/张军龙主编. —北京:中国社会科学出版社,2023.4
ISBN 978-7-5227-1706-7

Ⅰ.①师… Ⅱ.①张… Ⅲ.①师范教育—教育实习—研究
Ⅳ.①G652.44

中国国家版本馆 CIP 数据核字(2023)第 052858 号

出 版 人	赵剑英
责任编辑	李金涛
责任校对	刘春芬
责任印制	李寡寡

出　　版	中国社会科学出版社
社　　址	北京鼓楼西大街甲 158 号
邮　　编	100720
网　　址	http://www.csspw.cn
发 行 部	010-84083685
门 市 部	010-84029450
经　　销	新华书店及其他书店
印　　刷	北京君升印刷有限公司
装　　订	廊坊市广阳区广增装订厂
版　　次	2023 年 4 月第 1 版
印　　次	2023 年 4 月第 1 次印刷
开　　本	710×1000　1/16
印　　张	13.75
字　　数	220 千字
定　　价	98.00 元

凡购买中国社会科学出版社图书,如有质量问题请与本社营销中心联系调换
电话:010-84083683
版权所有　侵权必究

2021年3月18日，翟天泽与淄博一中师生合影

2021年3月24日，丛嘉琪在海阳四中讲课

2021年3月26日,王伟鸿在莱阳四中师生互动

2021年4月6日,刘玫琪在沂源三中运动会

2021年4月8日淄博一中师生合影

2021年4月8日,张慧婷在淄博一中讲课

2021年4月8日，耿康宁在淄博一中讲课

2021年4月19日，吕世轩在淄博一中讲课

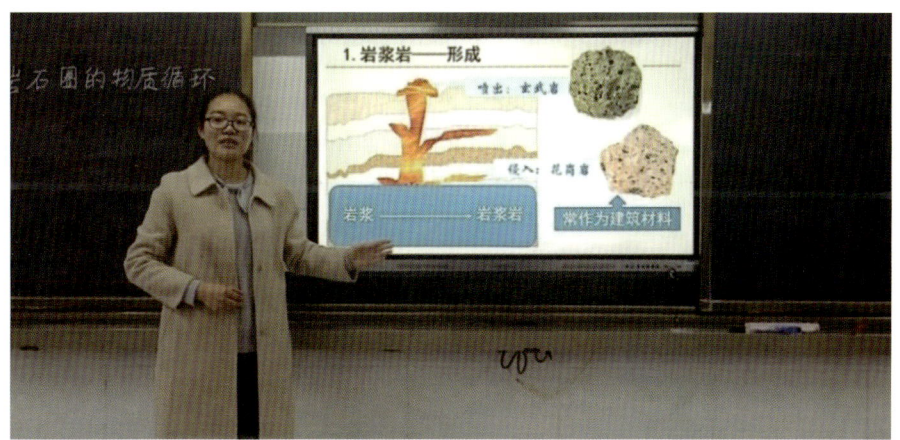

2021年4月25日,武玲玲在沂河源学校讲课

2021年5月20日,范子语在沂源四中讲课

2021 年 5 月 24 日,孙燕宁在海阳四中讲课

2021 年 6 月 1 日,闫文迪在淄博五中讲课

2021年6月2日海阳四中、莱阳四中师生合影

2021年6月5日,蔡依霏在莱阳四中讲课

2021年6月5日,刘玟雨在海阳四中讲课

2021年6月17日,张志洁在沂源三中讲课

2021年6月22日,张军龙老师与徐晓倩、李迪、闫文迪在淄博五中交流心得

2021年6月22日淄博五中师生合影

2021年6月24日密华历山中学合影

2021年6月29日,沂河源学校、沂源三中、沂源四中、历山中学师生合影

实习生活的真实呈现
师生之间的心灵对话

谨以此书献给我和我的 19 名实习生
以纪念我们共同走过的实习经历

《师范专业教育实习全程指导——初教心路》编委会名单

主　　编：张军龙

副 主 编：翟钰钰　张晓钰　周　君

顾　　问：钟秀芳　王成新　马池珠　陈蓁蓁　丁同楼

编　　委：（排名不分先后）

　　　　　翟天泽　吕世轩　张慧婷　耿康宁　徐晓倩

　　　　　闫文迪　李　迪　刘玟琪　张志洁　范子语

　　　　　密　华　武玲玲　丛嘉琪　刘玟雨　孙燕宁

　　　　　张新宇　王伟鸿　蔡依霏　刘佳音

序　言

　　教育实习是每一位师范生步入教师职业生涯的必经之路,是从懵懂的学生成为一名合格教师的必要过程。如何走好这一步,是一个值得深思的问题。

　　《师范专业教育实习全程指导——初教心路》是一本山东师范大学师范生的教育实习纪实录,详细记录了实习生在实习期间的教学经历及感悟。指导教师张军龙以师长和朋友的双重身份对实习生记录的点滴进行点评与指导,引发了师生之间关于成长、教育、人生等方面的深入思考。

　　该书分为"初为人师"和"实习日记(节选)"两部分,构思明确,条理清晰。第一部分"初为人师"共八章,以"生说师评"的形式,讲述了实习期间种种发人深思的事件,让我们看到了实习生对职业技能提升的思考、从校园到职场的蜕变以及对美好职业的向往和追求。第二部分节选19位实习生的实习日记,记录了他们的实习日常,引发读者对家庭教育、学校教育等的思考。该书依托真实的教育情境,运用典型案例与理论分析相结合的方法,记录了师生在理解、信任的基础上,分析教育现象,讨论教育问题,最终达成共识,一同追求教育真谛的过程。

　　"新竹高于旧竹枝,全凭老干为扶持。"与时俱进是时代的要求,教师队伍需要注入新鲜血液,进而推动教育事业的发展。这本书蕴含指导教师对实习生的谆谆教诲和深切厚望,所谓"博观而约取,厚积而薄发",期冀实习生们肩负起重任,做好每一件事,在指导教师的指导下将教育实习这一步走得更坚定、更扎实。教育既是一门科学,也是一门艺术,饱含教育智慧。该书是师生共同努力的成果,包含了他们对教育问题的看法、问题学生的管理、新生代教师在教学上的巧思、新时代班主任工作的开展、教学方法和教育理念的交流等，对全国师范专业教育实习工作高质量开展有重要的指导作用和借鉴意义。教育在实践中孕育，在实践中发展，又在实践中进一步沉淀和升华。在这本书中，我看到了教育的传承，感受到了有温度的教育。师道之光芒因教育工作者和学生的坚守而闪耀！

张文新

2021 年 10 月 28 日

目 录

编者按 ……………………………………………………………（1）

第一部分　初为人师

第 1 章　初来乍到
　　——实习身份的转变 …………………………………（3）
1.1　勇于适应新环境 ……………………………………（3）
1.2　在实践中成长 ………………………………………（4）
1.3　新征程，新气象 ……………………………………（6）
1.4　重返高中校园 ………………………………………（7）
1.5　吾校有师初长成 ……………………………………（8）
1.6　实习的喜与忧 ………………………………………（9）
1.7　初感教师责任 ………………………………………（11）
1.8　实习初体验 …………………………………………（12）

第 2 章　上下求索
　　——教师工作要躬行 …………………………………（14）
2.1　如何端正学习态度 …………………………………（14）
2.2　适应中学节奏 ………………………………………（15）
2.3　徐老师的地图册 ……………………………………（17）
2.4　清明时节话月考 ……………………………………（18）
2.5　优质课背后的故事 …………………………………（19）
2.6　课堂导入的重要性 …………………………………（20）

- 2.7 多媒体在教学中的应用 …………………………………… (21)
- 2.8 班主任的威严与责任 …………………………………… (22)
- 2.9 一天一天,日臻美好 …………………………………… (23)
- 2.10 用行动感染学生 ………………………………………… (24)
- 2.11 所见所闻所感 …………………………………………… (25)
- 2.12 沉心而为 ………………………………………………… (27)
- 2.13 如何组织好单元活动? ………………………………… (28)
- 2.14 备课监考两不误 ………………………………………… (29)
- 2.15 备课讲课进行时 ………………………………………… (30)
- 2.16 讲解试卷的快乐 ………………………………………… (31)
- 2.17 实践出真知 ……………………………………………… (32)
- 2.18 不问收获,但问耕耘 …………………………………… (34)
- 2.19 多媒体让课堂更精彩 …………………………………… (35)
- 2.20 讲题需技巧 ……………………………………………… (36)
- 2.21 极地地区教学探索 ……………………………………… (38)
- 2.22 直面课堂挑战 …………………………………………… (39)
- 2.23 关于补课的思考 ………………………………………… (40)
- 2.24 教研经验探寻 …………………………………………… (42)
- 2.25 优秀教师的力量 ………………………………………… (44)
- 2.26 浅谈复习课 ……………………………………………… (45)
- 2.27 两军对垒,万箭齐发 …………………………………… (46)
- 2.28 出卷与谈心 ……………………………………………… (48)
- 2.29 监考的奇妙体验 ………………………………………… (49)
- 2.30 在阅卷中成长 …………………………………………… (50)
- 2.31 考后见分晓 ……………………………………………… (51)
- 2.32 讲解中的新知 …………………………………………… (52)
- 2.33 浅论课程开发 …………………………………………… (53)
- 2.34 浅谈教学中的交流与提问 ……………………………… (55)
- 2.35 尊重差异,长善救失 …………………………………… (56)
- 2.36 家庭对学生教育产生的影响 …………………………… (57)

- 2.37 累并快乐着 …………………………………………… (58)
- 2.38 如何有效惩戒 ………………………………………… (59)
- 2.39 教育发展不平衡的思考 ……………………………… (60)
- 2.40 关于教材的思考 ……………………………………… (61)
- 2.41 游学识英雄 …………………………………………… (62)
- 2.42 对教学法与教学模式的思考 ………………………… (63)
- 2.43 问题少年就该被抛弃吗？…………………………… (65)
- 2.44 如何实现家校共育？………………………………… (66)
- 2.45 如何转化偏科生 ……………………………………… (67)
- 2.46 大学之道 ……………………………………………… (68)
- 2.47 教育的本质是什么？………………………………… (69)

第 3 章 耳提面命
——我与学生面对面 …………………………………… (71)
- 3.1 播撒希望的种子 ……………………………………… (71)
- 3.2 忠言逆耳利于行 ……………………………………… (72)
- 3.3 校园欺凌零容忍 ……………………………………… (73)
- 3.4 每一次经历都是对成长的邀请 ……………………… (74)
- 3.5 莫负少年时 …………………………………………… (75)
- 3.6 种下尊重的种子 ……………………………………… (76)
- 3.7 温暖以待,因材施教 ………………………………… (77)
- 3.8 尔之顽童,我之天使 ………………………………… (79)
- 3.9 与学生一起成长 ……………………………………… (81)

第 4 章 斗志昂扬
——老师来探班 ………………………………………… (82)
- 4.1 教师如火,薪火相传 ………………………………… (82)
- 4.2 实习路上的指路灯 …………………………………… (83)
- 4.3 查漏补缺,豁然开朗 ………………………………… (85)
- 4.4 教学试听 ……………………………………………… (86)

4.5 老师驾到啦 …………………………………………………… (87)
4.6 期待已久的一天 ………………………………………………… (88)
4.7 敢想敢做谓之实 ………………………………………………… (90)
4.8 师者,所以传道授业解惑也 …………………………………… (91)
4.9 老师的礼物 ……………………………………………………… (92)
4.10 您像明灯,照亮我前行的路 ………………………………… (93)
4.11 Open 是一种态度 …………………………………………… (95)

第5章 反躬自省
——在心中修篱种菊 ………………………………………… (97)
5.1 第一次月考总结 ………………………………………………… (97)
5.2 期中考试自我反思 ……………………………………………… (98)
5.3 肯定成绩,反思不足 …………………………………………… (99)
5.4 让课堂适应教学实践的发展 …………………………………… (100)
5.5 在反思中提升自我 ……………………………………………… (101)
5.6 越挫越勇 ………………………………………………………… (102)
5.7 教学自省 ………………………………………………………… (103)
5.8 "温柔"老师要改变 …………………………………………… (104)
5.9 我的教学反思 …………………………………………………… (105)
5.10 教学有"法" ………………………………………………… (106)

第6章 精彩纷呈
——校园趣事多 ……………………………………………… (108)
6.1 体育监考欢乐多 ………………………………………………… (108)
6.2 山区的夏天 ……………………………………………………… (109)
6.3 爱生气的"小课代表" ………………………………………… (110)
6.4 做学生的好朋友 ………………………………………………… (111)
6.5 踢毽子和小花花 ………………………………………………… (112)
6.6 运动会的收获 …………………………………………………… (113)
6.7 课外活动促发展 ………………………………………………… (114)

第 7 章 光明似昼
——情感也有力量……………………………………………（116）
7.1 一把小花伞 …………………………………………（116）
7.2 平凡而幸福 …………………………………………（117）
7.3 鼓励的力量 …………………………………………（118）
7.4 无心插柳柳成荫 ……………………………………（119）
7.5 奖励的糖果格外甜 …………………………………（122）

第 8 章 未来可期
——顶峰再相见………………………………………（123）
8.1 成为更好的自己 ……………………………………（123）
8.2 "实"有所获 …………………………………………（124）
8.3 孩子们，记得想我 …………………………………（126）
8.4 是该说别离了 ………………………………………（127）
8.5 以感恩之心告别 ……………………………………（128）
8.6 尽兴而归，未来可期 ………………………………（129）

第二部分　实习日记（节选）

张志洁日记（节选）……………………………………（133）

刘玫琪日记（节选）……………………………………（154）

蔡依霏日记（节选）……………………………………（165）

吕世轩日记（节选）……………………………………（167）

翟天泽日记（节选）……………………………………（170）

丛嘉琪日记（节选）……………………………………（172）

李迪日记（节选）………………………………………（173）

刘佳音日记（节选）……………………………………（175）

刘玫雨日记（节选）……………………………………（176）

徐晓倩日记（节选）……………………………………（180）

闫文迪日记（节选）……………………………………（184）

张慧婷日记（节选）……………………………………（185）

孙燕宁日记(节选) …………………………………………… (188)

密华日记(节选) ……………………………………………… (189)

武玲玲日记(节选) …………………………………………… (190)

耿康宁日记(节选) …………………………………………… (193)

王伟鸿日记(节选) …………………………………………… (196)

张新宇日记(节选) …………………………………………… (198)

范子语日记(节选) …………………………………………… (200)

后记……………………………………………………………… (202)

编者按

本书分为"初为人师"和"实习日记（节选）"两部分，主要记录了山东师范大学师范专业实习生在实习期间的教学经历及感悟。

教师的职责。古人云："师者，传道授业解惑也。"故有一长联形容教师：一支粉笔两袖清风，三尺讲台四季晴雨，加上五脏六腑七嘴八舌九思十想，教必有方，滴滴汗水诚滋桃李满天下；十卷诗赋九章勾股，八索文思七纬地理，连同六艺五经四书三字两雅一心，诲人不倦，点点心血勤育英才泽神州。人之一生，孰能无师？教书育人是教师的天职，走上讲台肩上就多了一份责任与担当。

实习生的角色。再次迈进中学的校门，虽然你们大学还未毕业，但你们已经拥有教师的身份。你们首先要面对的就是接受身份的转变，学习以教师的身份处理与学生、家长及同事的关系。之前在课本上学到的理论知识在你们的实习过程中会有不同的体现，你们也会直接面对学生，如何正确处理校园暴力、早恋、问题学生等问题，对你们来说都是不小的挑战。

实习生的工作环境。根据学校的安排，你们去了山东省不同地区的学校，教学条件差别较大，但无论如何，这段实习经历对你们来说都是一笔宝贵的财富。山东省虽然是教育大省，但教育资源分配不均衡，个别地区还比较落后。我们要做的就是尽己所能，给予那些落后地区的孩子更多的关爱。虽然条件有限，但我们要保持选择教育事业的初心，不忘初心，砥砺前行。

实习当下，花开未来。"路漫漫其修远兮，吾将上下而求索。"实习只是师范生学习的一个起点，在这个过程中，学生的所思、所想、所为，都是教师深入探索教育规律的基石。希望实习生们更加坚强地面对挑战，以身作则，勇担使命。

编者

2021 年 7 月 1 日

第一部分

初为人师

我们用文字将实习生活定格，轻轻诉说自己的得与失、喜与忧。老师是我们忠实的听众，字字珠玉，丝丝入扣，教我们为师之道。

第 1 章

初来乍到
——实习身份的转变

初次登上讲台，星辰大海在胸膛；
十几岁的梦想，终于飞出了天窗。
翻开书页，又是新的一章，但这次有些不一样；
从学子到师长，抓紧接力棒，我们向前奔跑，朝着同一个方向。
纸上的箴言终于化作实践的力量；
拿起粉笔，穿上正装，新手教师正式上岗；
在班会中描绘美好的远方，在办公桌旁倾听你的迷茫；
春日的课堂，夏日的操场，我们一起感受明媚阳光。
热情、勇敢、负责，我会做得更好，不辜负每一份期望；
初衷不改，扬帆起航，希望我们一起走向辉煌！

1.1 勇于适应新环境

刘玫琪

实习生活已经过去一周，作为新手教师我还是有些紧张。由学生到老师的转变让我意识到成长的意义。作为一名学生，我们更多的是关注专业知识的增长，而作为一名老师，我们需要具备较高的综合素质。不管是教学业务上，还是人际交往方面，我都学到了很多。

生活上独立了。尽管之前也想过支教的条件可能不太好，但没想到会这么差。宿舍仅有一张可供休息的床，不能洗漱，也没有可以晾衣服的地方，周末还会断水停饭，着实让我有些难以忍受。为了克服眼前的困难，我与指导老师和实习学校沟通，生活条件逐渐得到一些改善。

工作上，由学生转变为一名中学老师。虽然我已经有一些学科和教学理论知识的积累，但是远远无法满足实际教学的需求。通过给学生上课以及与其他老师交流，我认识到自己在课堂重难点的把握及课堂进度的把控等方面还存在很多不足。通过实习我认识到，任何时候都不能停止学习的脚步。我告诉自己要多读书，多向老师请教，多进行教学问题研究，丰富自己的专业知识，提升教学技能，提高教学水平。

在调动学生学习积极性方面，我还有些欠缺。尽管我对这一年龄段学生的共性有一定的了解，但是当地学生有他们自己的特点，我对他们的了解还远远不够。通过课堂教学以及与他们进行深入沟通，我意识到在教学过程中不同的学生应采取不同的策略和方法，因材施教。我告诉自己，要想快速适应实习生活，一定要与任课老师和班主任多沟通，与学生多交流，了解他们的学习，关心他们的生活。

通过这周的实习，我发现自己还有很多不足，要想成为一名优秀的教师，还需不断学习，不断努力。

指导老师评语：

不同的人生阶段，生活会给我们抛出不同的难题，我们的行动就是寻找答案的过程。面对新环境，适应新环境；面对问题，解决问题。克服一切困难并不断反思自己，不断学习，你终将成就你自己！

1.2 在实践中成长

张志洁

这周给我最大的感受是惊讶。

首先是学校的住宿环境。如果不是来到这里，我可能永远都不会知道竟然还有人住在这样的地方：脏乱差的楼道里堆满了杂物，做饭、充电的比比皆是。还有我无法忍受的厕所，每天数小时的停水……其次是繁重的课业压力。三个班级每周十五六节的课时，让我身心俱疲，几近崩溃。看着舍友们分享的优良的实习环境，再看看自己所处的环境，我陷入深深的自我怀疑当中。我当年高考的选择真的正确吗？我真的可以成为一名好老师吗？

周二，我第一次正式站上讲台，打开练习很久的PPT，笨拙地操作着，用局促的笑容掩饰自己内心的不安。之前在办公室班主任说过，这些学生非常调皮，第一次上课一定要镇住他们，不然他们后面不会听话。我听得似懂非懂，让他们听话，莫非是我们曾经学过的树立教师威信？可是，现实中没有人告诉我应该如何在学生中树立威信。是先抓几个典型惩治一番，杀鸡儆猴吗？然而，当我来到教室，还没上课，学生就已经板板正正地坐在座位上，安静地等待我讲课。他们的眼里充满了对未知的好奇，从他们身上我感受到了生命的蓬勃朝气。在学生互动环节，我注意到后排有一个学生，趴在座位上，也不与其他同学讨论。我走过去，小声询问他："你怎么不和其他同学讨论呢？课本也没有标。"他只是摇摇头，不说话。我觉得他应该是被老师扣上了差生的帽子，因此丧失了学习的信心。于是我指导着他标出了课本上的重点，并对他说："你看，大家都是刚开始学地理，都在同一个起跑线上。老师相信你，你一定可以把地理学好的！你要对自己有信心。"他正了正身子，坐得笔直。讲课的过程中，他们回答问题也十分积极，一节课下来，几乎没有人扰乱课堂纪律。第一节课算是比较顺利。

下课后我刚走出教室，班里的两个同学叫住我，说："老师，那个谁你不用管他，他就是脑子不太好使。"我当时很错愕，随后对他们说道："老师了解情况了，但你们不能这么说他，他可能不会表现出来，但心里肯定很难过。"他们点点头，转身回教室了。

回到办公室，我一直在想一个问题：平时应该如何与班里那些比较特殊的同学相处呢？虽然现在大多数县城已经有了"特殊学校"，但是在乡镇中小学还是有不少这样"特殊"的学生。这该如何解决呢？因为他们的不同，可能会让他们遭受一些嘲笑或排挤，甚至被认为是拉低班级平均分的累赘。我又能做什么呢？给予他们同情、怜悯或帮助？可这些特殊对待真的是他们想要的吗？对我来说，目前这些都是无解之题。

实践教学中暴露出的问题，不仅让我意识到自身知识与经验方面的短板，还让我理解了什么是真正的学无止境。我一定要好好利用这次教育实习的机会，弥补自己的不足，努力提高自己的教学水平。

指导老师评语：

真实的感受是最好的，要在教学中不断地发现问题、解决问题。你用心对待学生，将尊重和正能量传递给学生，让教育活动变得更有温度，同时也让学生看到了学习的另一面。也许你的用心会改变学生的学习观，进而改变他们的命运。希望你的努力可以让这个地方的教育有所改变。

1.3　新征程，新气象

张慧婷

本周是此次实习之行最值得纪念的一周，因为我第一次以教师的身份正式站上讲台。

我的第一轮试讲是周二下午在27班与28班分别上第一节课和第二节课，授课内容为《农业的区位选择》。因为我提前向指导老师了解了两个班学生的特点，知道这两个班都是选课偏理科的班级，男生比较多，课堂气氛相对活跃一些，可以与他们进行更多的互动，因此在授课过程中我有意识地增加了一些互动环节。

第一次站上讲台，虽然已经准备了很久，但是我依然很紧张，毕竟面对空荡荡的教室讲课与面对一个个活泼可爱的学生讲课是两种完全不同的感受。似乎在这个瞬间，我完成了从学生到教师的身份转变。

第一次讲课，我暴露出很多不足，指导老师也对我的课进行了精准的点评，指出了一些问题，如语速过快、用词不严谨等。另外，我个人感觉我的授课还存在逻辑不清、不易懂的问题，对课程内容的整体把握也有所欠缺。这是我在以后的课程准备中应特别注意的问题。

本周的班主任工作主要是与学生谈话。我根据学生的月考成绩，分析了其中几位学生的弱势学科，晚自习期间分别与他们进行了交流。从这几次交流中我发现，大部分高一的学生对自己弱势学科存在的问题并未做进一步的反思与总结。比如其中几位同学语文成绩较差，自认为是因为背诵部分没有做好。其实背诵算是语文学习中较为简单的部分，他们的实际问题是缺乏语文素养，缺乏对语言和文化的深层感知。因此，学生在学习过程中的确需要教师进行及时观察和指导。我根据自己的学习经验给予了他们一些建议，虽然非常有限，但也希望能帮到他们。另外，我还询问了他们关于未来学业目标以及职业规划等问题，发现仅有两名学生明确了自己的兴趣和爱好，对要考的大学和专业有明确的方向。尽管高一处于一个对未来认识比较模糊的阶段，但我觉得，为自己确定一个目标是非常有必要的。不必具体到要考哪个大学哪个专业，但至少也要为自己找到一个方向，哪怕只是一个兴趣也好。

随着教学实践的开展，相信在接下来的实习生活中我会取得更大的进步。

指导老师评语：

中学生学习目标的不明确，造成了行动上的拖沓，浪费了大量时间。你用实际行动帮助学生分析学习中存在的问题，对背后的原因进行深入剖析，让学生认识到问题产生的根本原因。相信在你的引导下，他们一定会有所改变的。

1.4　重返高中校园

吕世轩

人们都说第一次是最具纪念意义的，的确如此。这是我们时隔三年第一次重返高中校园，只不过这次从学生变成了老师。回头来看，一周的时间我们学到很多，也对高中教育教学感触颇深。

通过一周的进课堂听课，我发现不同的授课风格会深刻影响学生对知识的吸收效果。有的老师授课风格偏活泼，有的比较严肃，还有的比较温和。虽然教学内容并没有什么差异，但是学生对知识的掌握效果差别却很大。这也提醒我，在上讲台之前，要提前了解学生对不同授课风格的接受程度，选择适合本班学生的教学方式，这样才能更好地促进学生对知识点的理解和掌握。

第二个让我体会较为深刻的是，班主任工作看似简单，实则具有很大的挑战性。虽然我并没有全职带班，但有幸在第一周参与了部分班主任工作，带领班级同学跑操，看早、晚自习等，工作量确实不小，因此对班主任工作深有体会。就班主任工作而言，身体上的累都是小事儿，事无巨细的操心才是最累的。你要时刻关注学生的状态，以防意外发生。而且高中的孩子普遍趋于成熟，很多孩子甚至会对老师撒谎，这直接增加了班主任的工作难度。

第三个感受最深的是，我觉得无论从事什么职业，必须具备认真的态度和终身学习的意识。教师这个职业要求就更高了。就像我的实习导师，每天除了上课以外，回到办公室还要刷些有关地理的科普视频，或者再学习一下 ArcGIS[①] 这种较为专业的软件，不断给自己充电。新入职的教师对教材内容还不是很熟悉，因此每节课都要花大量的时间查找资料，向有经验的教师请教，尽可能地提高备课水平。如果老师不主动学习，很快就会与社会脱节，很难达到时代对教师的要求。

希望下周通过实践，我可以有更多的感悟与思考。

指导老师评语：

教育是一件非常难的事情，影响教育质量的因素太多，我们很难用简单的数学统计方法得到满意和客观的答案。你们是新时代的大学生，要不断学习，增强责任心，利用好这次机会，提高自己的教学水平，为学生的发展提供更多的指导，为国家教育事业的发展贡献自己的力量。

1.5　吾校有师初长成

翟天泽

忙碌的生活总是过得飞快，不知不觉春草已萌生。通过这段时间的实习，我对淄博一中已经产生了强烈的归属感。日渐熟悉的老师和学生，仍需体悟和打磨的教学课堂，等等，在西苑餐厅的饭香中我体悟到很多……

从学生到教师的转变是一个奇妙的过程。周二第一次踏入博学楼的教

[①] ArcGIS 是一个供用户收集、组织、管理、分析、交流和发布地理信息的系统。

学区，行色匆匆的学生用好奇的目光迎接实习老师的到来，我们的不知所措倒显得有些不成熟。每每坐在后排听课，笔下的教学过程不自觉地就成了课堂笔记，老教师提问的时候，自己也会下意识地回答问题。当学校的老师向我们点头致意时，我们突然发觉自己也成了孩童时敬畏的老师。第一次看自习、第一次讲题、第一次制止上课嬉笑的学生、第一次……我正从一个稚嫩的大学生转变为一名光荣的人民教师。

地理课堂虽小，但地理知识却广阔无边。这周听了十几节课，每个老师都有自己的教学风格，同样的知识点都有不同的导入方式、巩固手段和编排顺序。令我感触最深的是扩展部分。作为新高考下的高中生，陈旧的课本知识已经完全不足以应对灵活的高考题以及未来社会对个人地理素养的要求，这就要求教师能够海纳百川，通过各类案例、各种知识去开阔学生的眼界，培养他们思考问题的能力。以本周的《乡村与城镇》为例，淄博一中地处博山，属于山区，兼容城镇与乡村的区域特色，有的教师就将本地案例引入教学当中，便于学生理解抽象概念，教学效果显著提升。相反，如果对本地情况不甚了解，引入案例脱离实际，那么课堂效果就会大打折扣。

下周又将是全新的开始，希望能在老教师的带领下继续学习如何成为一名合格的地理教师和班主任。

指导老师评语：

人生处处都可寻到角色转变的身影，在家里你是孩子，在学校你是学生，如今你有了新的身份——教师。我们的每一段奋斗历程，都是下一次角色转变的基石。坚守初心，用心体会，用行动去证明，将地理人的宽宏与生活的细腻相结合，用心描绘生活的多彩画卷，享受每一次的角色转变，带给周围更多的正能量，你的生活将会更精彩。

1.6　实习的喜与忧

武玲玲

实习过去一周了，时间过得真快呀！当自己忙起来的时候，总觉得时间不够用。回顾本周,有很多开心的事,也有许多需要学习和提升的地方。

作为实习生,初次步入工作岗位,就收获了不少惊喜。如被同事亲切地称作"武老师",下课的时候,学生礼貌地喊"老师好"。每每听到这些,心情简直好到快要飞起来!但是,与此同时,又有不少压力涌上心头。我能不能处理好与同事亦师亦友的关系,和他们一起完成教学任务?我能不能扮演好地理老师这一角色,教好地理知识,同时引导学生树立正确的三观?我不知道现在的自己能不能很好地完成本职工作。以"老师"称呼我,是因为称呼我的人尊重"老师"这个身份,我深知我与真正的老师之间还有很大的差距,我要学习和提升的地方还有很多。

指导老师们都很好,耐心地帮助我,细心地解答我的问题,关心我的健康,这些都是我在实习中感受到的温暖,也是我应该学习的。另外,指导老师们对自己学科的知识都烂熟于心,而我还做不到这些,所以在专业知识上我还要好好下功夫。

我不仅是一位地理老师,还是副班主任。对于班主任这一工作,我本来觉得没什么难度,可是,跟着张老师学习的这段时间,我发现班主任工作非常辛苦。工作中要做到面面俱到,几乎要时时刻刻陪在学生身边;学生出现问题要及时发现、及时沟通、及时解决;在班级的学习、纪律、卫生、班风、班规等方面,要细心认真,还要具有敏锐的洞察力和随机应变的能力。

这次实习还锻炼了我独立生活的能力。因为学校没有食堂,所以需要我们自己买菜做饭,安排好自己的饮食。经过这段时间的自我管理和历练,我已经可以很好地照顾自己了。

期待接下来的实习生活!

指导老师评语:

这次实习是不是花了很长时间适应?不必担心,这是每个人成长路上都要经历的过程。每个人的一生都要经历多次角色的转变,但每实现一次转变都是一段新的开始。在新的征途上,用心体验时空的变迁,用踏实的脚步丈量旅途的长度,用开阔的心胸感受梦想的厚重,你的脸上自然会多一丝对生活的笃定。

1.7　初感教师责任

张新宇

时间过得飞快，一转眼又是周末。回想起到学校的第一天，我对这里的一切是那么陌生，甚至觉得连空气也停止了流动。我深知高中教育的实践与之前在学校学到的理论知识有很大的差别，所以对于接下来的实习我十分期待。

实习学校对我们的到来表示热烈欢迎。紧接着谭老师带我们参观了教学环境，向我们介绍了学校的情况，还带我们认识了我们的指导老师张老师和其他几位地理任课老师。如教学经验丰富的丁老师、讲课幽默风趣的荆老师，还有萌新教师薛老师。老师们都非常热情，办公室虽然不大，但是像家一样温暖。不知道是不是因为我是威海人，感觉沿海的口音都有相似的平平仄仄，所以更添了几分亲切感。

看学生课间娱乐，我仿佛又回到了自己的高中时代，我的心也随他们的身影跳动起来。我开始喜欢这里，也开始享受老师这个职业带给我的严肃和神圣。

初来乍到，由于对教学环境还不是很熟悉，所以我主要是去听各位老师讲课，熟悉课堂氛围、学习进度以及老师的授课方式，边听边记边学，课后根据课堂笔记认真地在实习手册上做详细记录。

在熟悉教学环境的同时，我也正式开始了实习班主任的工作。第一次当班主任，兴奋之余不免有些紧张。当我靠近教室后门观察的时候，突然想起了高中时代我与后门玻璃窗上映出的老师对视时的尴尬和恐惧。当我进入教室，学生都好奇地抬头看我，当时我心里已经紧张得波涛汹涌，但还是故作镇定地自我介绍，然后让学生继续学习。看晚自习时，我在讲台上注视着埋头认真学习的学生，突然感悟到了老师这个职业的责任和意义。我暗想：我能成为这群可爱的高二学生的实习班主任，何其幸运！

指导老师评语：

初入一个新环境，被各种和谐的氛围包围，感受被重视的快乐和幸福,这是大多数新人入职的感受。但是要知道,每个职业都有不为人知的艰辛。认真参与,用心感受这份职业带给你的成长,用自己的所学让这个和谐的环境变得更加积极向上。

1.8 实习初体验

徐晓倩

3月16日我踏入淄博第五中学的大门,正式开始了我的实习生活,到现在已经半个月了。仍记得刚到这里实习时,我们并不适应这里的住宿环境以及办公条件,但是通过这段时间的实习,我已经适应了这里的工作环境,并熟悉了实习内容。在这段时间里,我主要负责班主任工作和地理教学工作。

一 班主任工作

由于实习时间比较短,我只是跟随班主任大致了解了班主任每天要做的工作以及班级的基本情况。参与的日常班务管理主要有督促早读、午休巡视、晚修坐班等。学生学习态度比较端正,平时纪律也不错,使我在管理纪律方面轻松很多。班级每周四下午上课前都会有个唱歌小环节,我还参与了他们的选歌活动。选择曲目时我与学生的交流也很愉快,这拉近了我们之间的距离,增进了我们之间的感情。学生很单纯也很可爱,很听话也很好相处,有时他们一句甜甜的"老师好"就能让我开心一整天,一句关心的话语就能让我温暖许久。

二 地理教学工作

1. 听课

这段时间我听了五节课。听课前我会提前阅读教材相关内容并换位思考,设想我会以什么样的方式去讲这节课。听课时,认真记好笔记的同时,我也会观察学生在课堂上的反应,注意授课老师的课堂思路与自己设想的思路有何不同。五中的老师讲课风格迥异,各有千秋。他们成熟的教学方式和驾轻就熟的教学技巧让我佩服不已。在教学上我还是个新手,还有很多地方需要学习。

2. 备课

最近我在准备《工业的区位选择》。刚开始心里大致有个框架，也做了简单的课件，但是，让我觉得比较难的是要将教材的内容用自己的语言表述出来。因为以前作为学生听课，目的是学习知识；现在作为教师上课，是为了教学生如何学习。身份不同，关注点自然也就不一样。刚看教材的时候，觉得书上内容很少，一节课足矣，然而备课的时候却发现要讲解的知识很多，一节课能讲完几页就很不错了。由于缺乏经验，在学校的时候也缺乏必要的训练，对教材的处理、讲授内容的把握做得并不到位。听了毕老师讲的《农业的区位选择》，反思自己，我觉得我对知识掌握得很浅显，初次备课的内容太浮于表面，没有将知识点挖深挖透。接下来，我会重新思考我的课堂设计思路和内容。

我的实习期还很长，我会一如既往地努力，希望实习期间能学到更多的东西！

指导老师评语：

班主任在班级学习氛围的营造上起非常重要的作用，通过对学生的正确引导，可以深刻地影响班级的学风。希望你们在实习期学习新知的同时，不断锤炼自己的教学技能，争取早日成为一名合格的老师。

第 2 章

上下求索
——教师工作要躬行

教师是一个既光荣又伟大的职业，如何做好教师工作是一个永恒的话题。求索教法之道，探寻经纬之理，作为实习生，我们还有很多要学习、提升之处。

2.1 如何端正学习态度

蔡依霏

新的一周开始了，我去 4 班和 5 班听了刘老师的作业讲评课，发现学生的学习态度对教学效果影响非常大。

这两个班的学生学习态度差别非常大。周末，4 班大部分学生竟然没有做作业，可见学生并不重视地理这门学科。而 5 班的学生则是在周末统一时间集中完成作业，然后再由课代表将作业收起来交给刘老师批阅。

在 4 班上课的时候，刘老师对几位同学进行提问，只是简单的基础问题，竟然没有一个同学答得上来。刘老师给出 5 分钟时间让学生整理相关知识点并加以记忆，可是当刘老师检查的时候效果并不理想。很多学生只有在老师给出标准答案，说要提问的情况下才肯背。我还观察到，学生的书桌上或多或少都会有一些与学习无关的东西，比如零食、化妆镜等。针对这一现象，我觉得首先应该端正学生的学习态度；其次，教给学生系统的学习方法，引导学生树立正确的学习观、人生观，让学生学会自主学习。

由于学生没有做完周末的作业，小测完仅剩 20 分钟就要下课，所以刘老师只能改变自己的教学计划，讲一点书上的活动作业，并对学生学习的基本原则进行了强调。不得不说，师生之间的相互配合很重要，学生不按时保质保量地完成教师布置的任务，就会影响教师的教学安排，也会打击教师教学的积极性。

而在5班，学生完成了周末作业，刘老师可以对学生所提出的问题进行讲解。在学生反馈的错题中，我发现只要是题目稍微有点复杂或者是图比较复杂的题，学生就以自己不会为由放弃思考。但是在刘老师的引导下，学生都可以大体给出每道题的答题思路。由此可见，学生思想上的依赖性和不自信，会导致他们做题的时候遇到稍难点的题目，就不肯深入思考。其实学生在面对问题的时候，多问几个为什么，没准这道题就会有思路，进而树立学习的信心。

课后，刘老师也给我分享了一些他的教育心得。刘老师说，尽管学校生源不是很好，有些学生学习态度不够端正，但是老师都很有责任心，都愿意为学生付出。那么，学生应该如何端正学习态度呢？我总结了以下几点：

1. 明确自己的学习目标。
2. 掌握正确的学习方法。
3. 自觉制定学习计划并坚持执行。
4. 养成独立完成作业的好习惯。
5. 珍惜时间，学会自主学习。

人生就是不断学习、不断完善自我的过程。相信在老师们的共同努力下，学生的学习态度一定会有所转变，从而真正认识到学习的意义，积极主动地去学习。

指导老师评语：

端正学生的学习态度，可以使学生更深刻地认识到学习的意义、努力的重要性，从而发奋学习。这样，未来才会有更好的选择，才能过上自己想要的生活。

2.2 适应中学节奏

张慧婷

实习的第三周，一切都开始变得自然、规律起来。我们已经逐渐适应一中的工作节奏，这对我们的实习来说非常有利。

由于是清明节放假前夕，本周的教学任务主要分三部分，分别是《城镇化》的收尾、周测卷的讲评以及《农业的区位选择》部分内容的讲解。我们听了杨老师和杜老师的课。杨老师讲的是《城镇化》的最后一节，他特意为学生区分了国内郊区城市化和国外城市郊区化的概念，展现了国内、国外由于国情不同而造成的地理现象的差异。此外，杨老师还区分了城镇化和城市化的概念。这些都是学生极易混淆的知识点，确实应当在课堂上重点强调。同时，这节课的内容还体现了地理学的一条规律，即不同具体条件导致不同的地理现象。这样的讲解有利于加深学生对人地关系和因地制宜等的理解。杜老师的课则为《农业的区位选择》的公开课。杜老师的课脉络非常清晰，形式也丰富多彩，主要采用课前探究引导学生思考和阶段性总结复习的方式进行巩固教学。课前，杜老师还使用了一段舞蹈视频作为导入，进一步激发了学生的学习兴趣。

关于实习班主任工作，我有许多实践与反思。4月1日我负责看晚自习，当晚纪律并不好，学生似乎不太服从我的管理。有个男生扰乱纪律，由于缺乏经验，我没能很好地控制住局面，只能向杨老师求助。经杨老师指导，我了解了学生不服从管理的处理方式。这次事件也让我对自己的性格弱点和教学经验的不足有了更深刻的认识。管理学生时，一味地客气和忍让并不会换来学生的尊重和对纪律的遵守，只会让他们更加肆无忌惮。当晚我对自己的失误进行了深刻反思，也与杨老师交流了自己的想法。我决定下次晚自习改变管理策略——要赏罚分明、刚柔相济。我还准备了以"梦想与现实"为话题的主题班会，帮助学生理解何为梦想，如何协调梦想与现实的关系，激励他们努力学习。

本周的实习工作依旧非常充实，我相信在以后的工作中我会获得更多的实践经验。

指导老师评语：

中学教学是非常有规律的活动，但是又充满了一些不确定性。希望你可以将这两者协调好，在实习期得到更多成长。

2.3　徐老师的地图册

蔡依霏

风起，柳絮飞扬；雨落，翠叶欲滴。时光依旧如水一样波澜不惊地流淌，荡漾着春的倩影。美好的一天在绵绵的春雨中开始了。

雨过天晴，上午去听徐老师的课。徐老师这节课讲的是学生昨天晚上的作业，由于学生的基础不是很好，为了帮助学生更好地复习，徐老师每讲一道题，都会带领学生复习相关的知识点，通过题目巩固知识点，并将知识点与题目结合起来，加深学生对题目的理解和对知识点的掌握。我还注意到，在讲中国地理的时候，徐老师必用地图册。在我的高中时期，地理课上很少出现地图册的身影，但通过听徐老师的课，我认为地图册确实应当运用到课堂中去，而不是仅仅作为学生的课外读物。

徐老师总是图文并茂地将地名与地图册灵活结合，利用地图研究地形、地貌、气候、河流、行政区划等；题目考查的内容也可以精准地落实在地图上。如哪些类型的图考的是相同的知识点，容易混淆，如何利用地图将其进行区分。这既体现了地理学科的系统性，又体现了地理学科的逻辑性。通过将地图与题目相结合，从分析题目中寻找考查的知识点，找到题目的突破口，进而一一击破。在此基础上让学生更好地实现对知识的迁移，引导学生在学习中逐步提高。地图册的使用对教师的引导能力是一个很大的考验，教师需要找出地理要素与地图要素的内在特征，让学生理解两者之间的联系。这样，学生就可以通过地图掌握一些地理常识问题，加深对知识的理解。

其实，每门学科都有它的逻辑性，每个老师也有自己上课的逻辑。讲授知识的过程中，适当地使用教具可以很好地促进学生空间思维的建立、对抽象概念的理解。正如徐老师手里的地图册一样，它使地理学习变得更容易，对提高课堂效率大有裨益。

指导老师评语：

地图册对地理学习来说就如钢枪之于士兵，要提醒学生时刻放在手边。对于高中地理初学者来说，需要将遇到的所有地理要素都落实到地图上，提高整体空间感，在此基础上深入探讨背后的原因，构建地理逻辑思维。希望学生能意识到地图册的重要性，善于利用地图册等工具书。

2.4　清明时节话月考

蔡依霏

"燕子来时新社，梨花落后清明。"清明节后的第一周，学生经过短暂的休整又重新投入学习生活中。然而，这次等待他们的是三月的月考成绩。

月考结束后，各班的班主任都在找班里的学生进行月考分析。周五，在办公室对面的物理实验室，3班的班主任就找了好几个学生，挨个分析这次的考试情况。考试对于学生来说是一个查漏补缺的过程，对于老师来说，更是一项浩大的工程。面对基础薄弱的学生，张老师没有放弃他们，反而仔细地分析了他们这次考试中的优势，并告诉他们可以从优势学科中总结科学的学习方法，同时也可以多学习优秀同学的经验。但别人的经验只是参考，应根据自身的实际情况，找到适合自己的学习方法。教师对学生的引导、鼓励、支持和帮助，可以缓解学生学习过程中的"习得性无助"。张老师与学生交谈时再三强调，要给自己确定一个明确的目标并为之努力；同学之间也可以组成学习互助小组，互相激励，共同进步。这次月考总结，我学到很多考后分析的方法。

听了多位老教师的月考讲评课，我发现有些学生之所以考不好，是因为眼高手低。习题课就像"实战"，需要将理论与实践相结合。学生平时在课堂上只听老师讲解，可能感觉自己什么都会，但到了考试，真正地将课本知识与题目结合起来，有的学生就"傻眼"了，明明自己上课听得明明白白，怎么一做题就不会了呢？所以，学生学习知识不能仅仅局限于一道题、一个知识点，尤其在做综合性的题目时，还要学会对知识的迁移。

做综合题目时需要学生调动积累的知识，这不仅是对学生的考验，也是对教师授课能力的考验。如何将一道题讲得透彻、讲得简单、讲得明白，十分考验一个老师的教学素养。所以，在日后的教学中，我不仅要会授课，还要会做题、会讲题，结合学生的作业和试卷的反馈，不断提高自己的教学水平。

通过总结老教师的讲评课，我发现富有经验的老教师通常都会带领学生对每个选项仔细分析，指出错误选项的错误之处，如何纠正，让学生自己讲述解题步骤，然后再帮助学生分析解答，形成了良好的师生互动氛围。

通过观察，我还发现，学生面对自己学过的知识，面对老师所提的问题，回答时总是有点"茶壶里煮饺子——有口倒不出"的感觉，这反映出学生对基础知识掌握得不牢固、不扎实。还有一些学生在回答简答题或者论述题的时候，总是想到哪里说哪里，很少有学生分条分点地答题，缺少答题的规范性和逻辑性。

通过月考可以发现，在学习中及时复盘很重要。复习旧知识看似浪费时间，其实却是在为新知识的形成奠定更好的基础。因为一旦旧知识被遗忘，学习新知识就会变得格外困难。在日后的教学中，我会更加重视对基础知识的讲解，培养学生的逻辑思维，帮助学生养成良好的答题习惯。

指导老师评语：

考试总结是我们每个教师都无法回避的工作，如何在这个过程中调动我们的创造性，尽可能地解决学生在学习方法和知识掌握上遇到的困难，帮助学生走出困境，需要我们在教学过程中不断思考和探索。

2.5　优质课背后的故事
张新宇

在即将到来的五一假期的衬托下，这周显得漫长又浮躁，但是具体看每一天，自己都有好好完成实习任务。

这周我们地理组的大事件是张组长要准备讲烟台优质课。张老师不断地试讲、修改课件、找王主任提意见，然后再进入修改状态，如此反复。我打心眼儿里佩服张老师，虽然反反复复那么多次，但是张老师一直十分乐观。讲课顺序和地点需要老师抽签决定，张老师便让其女儿代为抽签，说她女儿手气好。令人惊讶的是，果真抽到了海阳四中，周二第三个讲，真可谓天时地利人和了！

如期听了烟台的优质课,老师们讲的课都有自己的风格,我也从中学到很多。比如讲一节课时,首先要梳理这节课的逻辑,有哪些知识点,特别是重难点,怎么通过教学方法的设计把这节课立体地串起来,而不是平铺直叙,漫无边际地随意发挥。我还学到了讲课时怎么鼓励学生积极发言。比如可以通过语言上的鼓励,也可以通过发宣传手册来引起学生的兴趣,还可以通过给学生课堂表现打分来激发学生上课的热情。

我一共听了 7 节优质课,每节课都有不同的感悟。我感觉,要想成为一名优秀的教师,真是"路漫漫其修远兮"啊!

指导老师评语:

闺女确实是父亲的小棉袄、母亲的柠檬茶,总会在父母需要的时候为他们带来好运,但是这般好运来自张老师对生活的积极追求。你也要坚持不懈地做好一件事,这样你的前路就会如张老师一般坚定。务必向这位张老师多学习!

2.6　课堂导入的重要性

蔡依霏

不知不觉,距离实习结束只剩下差不多 1 个月的时间了。教育实习看似漫长,实则弹指一瞬,还没来得及回味便已悄然离去。这周继续上周的内容——复习《地球自转的意义》。

徐老师在讲解《地球自转的意义》时,首先呈现了三个不同地区学校的作息时间表,使课堂一下子活跃起来。有的学生感叹新疆的高中上第一节课的时间特别晚,"可怜"青岛的学生 7:40 就要上课。学生对不同的时间表产生疑惑,很好地激发了学生的学习兴趣,使他们不自觉地想要探究其中的缘由。一堂新课导入环节的重要性不言而喻。

高质量的课堂导入可以帮助学生快速进入学习状态,提高学生学习的热情和积极性,使师生之间更加轻松愉快地"合作"。我制作课件时,往往会在课堂导入方面思考很久。我会找一些小众的图片作为课堂导入,尽可能地让学生有眼前一亮的感觉,希望帮学生回顾上节课知识的同时,又可以加入一些新颖的知识点。

随着新课改的不断深入，对课堂导入也有了更高的要求。教师可以在日常生活中多关注一些时政热点等，积极地展开联想，将生活与地理结合起来，从而激发学生学习地理的兴趣，帮助学生开阔眼界，发现学习的乐趣。

指导老师评语：

高效的课堂导入是成功打开课堂的第一步。导入的方式多种多样，尽可能地选取贴近学生生活的实例，可以顺畅地将学生的思维由实际经历带入课堂，让学生对课堂的知识有自己的感知，成为课堂的参与者和授课效果的体验者。这样，学生的主观能动性也可以进一步得到激发和强化，成为促进课堂整体效果提升的催化剂。

2.7 多媒体在教学中的应用

蔡依霏

五月悄悄地来，又悄悄地离开，想想五一放假回来的期中考试仿佛就在昨天。时间最不受约束，没有什么能阻挡她前进的脚步，新的一周如期而至。如何更好地利用多媒体提升教学效果，近期我对这个问题进行了深入思考。

学生终于结束了《地球公转的地理意义》这部分的学习。徐老师先带学生复习了太阳辐射点的回归运动，通过太阳辐射点引出正午太阳高度角的概念。正午太阳高度角这部分的计算，对于基础不是很好的学生来说不是很"友好"。遇到计算题就打怵应该是大部分学生都存在的问题，那么，如何学好这个知识点呢？

徐老师通过知识梳理复习太阳高度角的相关知识点，推导出相关的公式。在推导的过程中，虽然课件上也有展示，但是徐老师仍然完完整整地在黑板上画了一遍。课下我与徐老师讨论如何制作课件时，徐老师总会感叹，每个学生都喜欢新颖的PPT，但是看到PPT里的一些"亮点"，很容易分散注意力。虽然板书比较累，但利用板书传递的教学信息方便、简洁，而且板书可以与教师的讲授相结合，使学生的学习思路容易跟上教师的课堂讲授和引导。

其实在教学媒体的使用上，我有一个不同的小看法。高中的课堂也需要一些新颖的东西来驱散学习的倦怠感，因此在 PPT 中插入时长合适、画面清晰且与课堂内容相符的图片或视频未尝不可。我曾经无意中发现一段非常优美的文字，正好适合衔接地球公转中的两个知识点："今天，我站在晨线上，我面向的世界是光明的。我不愿意转身，是因为我的心永远向前，是因为我对光明更向往，也是因为你沉重的目光不允许我转身；我站在昏线上，我面向黑暗，我敢于直视所有的黑暗，我将这黑暗看得透彻、看得明白，只有这样，我才能明白我身后光明的意义。"我觉得这也算是学科之间的一种交流吧，把语文的优美与地理知识结合起来，可以更好地激发学生的学习兴趣，让学生觉得这门学科是充满乐趣的，是很浪漫的，也让他们在高强度的学习中得到些许"喘息的机会"。

多媒体作为重要的教学手段，包含的内容和形式非常丰富。希望在以后的教学中，我可以将多媒体更好地运用到自己的教学设计当中，促进学生对新知识的理解和掌握。

指导老师评语：

地转的过程好比我们的人生，我们每个人都在自己的轨道上"运转"。尽管对学生来说，地转背后的很多现象和过程都难以理解，但是通过各种多媒体的使用，可以让学生在更加广阔的空间里对地转背后的运行规律有更深的认识，从而促进学生对地理概念的理解。

2.8 班主任的威严与责任
翟天泽

宿舍门前的花朵开始吐露春天的芬芳，我与高一21班学生的故事也正式拉开序幕。近期听课的任务被搁浅，我将工作重心都放在了实习班主任这一令人感到新鲜又忐忑的角色上。通过亲身经历，我对班级管理多了一些体悟与心得。

孟子主张善端，认为人生而向善，是后天的教育使人产生了不同。这个道理放在班级管理上，我认为也同样适用。当我第一次走进21班做自我介绍时，我注意到，哪怕是坐在最后一排角落里的那个男生都开心地鼓掌欢迎我的到来。他们知道新老师对他们没有偏见，他们可以重新好好表现。其实我在进班之前已经大致了解了班级学生的学习情况，但是当一名地理成绩并不好的女生经常来找我讨论问题时，我决定不再去看她之前的成绩，并表扬她地理学得很好。从后期交上的作业能够看出，她在为了我那句表扬而努力成为一名地理学得很好的学生。每个学生都渴望老师的关注，老师的做法会影响学生的一言一行，甚至会改变学生的一生。我觉得教师评价学生的时候，应该适当减少成绩在学生评价体系中的比重。如果我们愿意给后进生一个机会，给他们一个新的推力，或许会改变他们懒惰、自暴自弃的惯性，他们很可能会给我们一个惊喜；相反，如果一再忽视他们，他们也许会放弃自己。

班主任的责任是全方位的，需要关注到班级的每一个角落。第一天去看早自习，进入班级后，我发现教室乱哄哄的，好不容易在打铃前控制住混乱的局面。可当杨老师出现在班级门口时，一句话没有说，全班同学都自觉地安静下来。不仅如此，他们还立刻拿出书开始学习。只见杨老师先是把地上散落的羽毛球拍整理到班级储物柜里，又督促磨蹭的同学赶紧打扫卫生，巡视每一个学生是否已经安全到校。我突然意识到，要想成为一名合格的班主任，我要学的还有很多。

那天以后，每晚睡觉前我都要在脑海中预演一遍第二天看自习时要进行的流程，以便更加有效地督促学生学习。

指导老师评语：

教育就要有教无类，在教学过程中以无差别的心态对待每个学生。通过我们的努力，使学生体会到教学内容的多彩，感知到知识的广博。

2.9　一天一天，日臻美好

张慧婷

随着实习第七周的来临，无论面对生活还是实习任务，我越来越得心应手。

　　本周我的教学任务主要是备课。《交通运输与区域发展》这节内容的逻辑安排不是很合理，存在学生不易理解的问题，因此在教学过程中需要教师重新组织教学顺序，通过循序渐进的方式帮助学生掌握该节内容。另外，为授课内容补充一些恰当的案例也非常重要，因此备课任务还需查找一些相关案例。如加入说明航空运输、火车运输等不同交通方式的特点及其各自适应条件的案例等。我认为，本节课可以联系交通对工农业区位选择的影响这一知识点，帮助学生对交通运输业形成一个宏观的认识，然后再结合淄博当地交通运输业发展的具体实例，进一步加深学生对相关概念的理解，提高学生的综合思维能力与地理实践力。

　　至于班主任工作方面，本周我的主要任务则是继续找学生谈话。我找了上自习经常小声嘀咕的男同学谈话，主要是想通过交流了解他的性格特点及思想。通过与他交流，我发现他比较活泼，而且很机灵，但是对学习目标并不明确，所以我以引导他找到学习的意义为切入点，通过我自己的例子帮助他理解现阶段学习的重要性。希望接下来能看到他的进步。

　　结合之前与学生的谈话，我将此次班会的主题定为"梦想与现实"，希望可以给他们一些指导和帮助。我觉得大部分学生都存在一些共性问题：何为梦想？如何在梦想与现实之间寻求平衡？如果能利用这次班会为学生拨开迷雾，使他们明白自己的梦想是什么，我想我会感到非常欣慰的。

指导老师评语：

　　你的班会主题非常好，可以让学生尽快地确定自己的目标，并为之努力奋斗。希望通过这样的班会，能让学生找到自己的奋斗目标。

2.10　用行动感染学生

蔡依霏

　　晴天、阴天、雨天，春回大地。紧张、期待、犹豫，豁然开朗。还好现在阳光明媚，天色正好。在一周的最后，回想一周的经历，我感觉这周是如此神奇。这周发生了太多事，让我有了很多思考和改变。

备课的时候，为了保证知识的严谨性，我查阅了大量文献，不断地筛选与课程内容相符的图片，对每一个动画、每一个调色反复琢磨，以便获得理想的效果。我不禁感叹，上课仅仅讲授知识是远远不够的，还要融入当下新课改的教学方法。为此，我运用了情景教学法，把岩石圈物质循环的内容与西藏的雅鲁藏布江缝合带相融合，通过探究的方法，引导学生发现岩石圈物质循环的规律和意义。不得不说，要做一个严谨的教师，需要付出很多努力。

每周一高二的地理老师都会针对这一周的教学任务开一个简单的小会，总结上周学生的学习情况，对接下来的教学进度、教学内容、教学手段、教学方法进行调整，力求让所有学生都跟上老师的步伐。这离不开老师日常的严谨授课、课堂上的留心观察以及课下的反思总结。在办公室，我经常看到徐老师和宋老师因为一道题展开激烈的讨论，努力用最简单、最容易的方式让学生理解知识点。并且当学生有新的反馈时，老师们通常刚下课就会相互交流，把学生的反馈融入下节课中，不断地丰富、完善每一节课。虽然老师们年复一年讲着同样的内容，但是每年的内容都融入了老师们的心血。为人师表，当以身作则。宋老师和徐老师虽然平时话不多，但是他们却一直在用行动指导我们。

教师的行为方式在日常教学活动中，对学生有着潜移默化的影响。希望教师可以通过实际行动，引导学生形成正确的实践观。

指导老师评语：

教师的一言一行对学生都有潜移默化的影响，因此，身为老师，更应以身作则。希望你能多向宋老师和徐老师学习，身体力行，知行合一，用行动感染学生，为学生树立一个好榜样。

2.11 所见所闻所感

张慧婷

本周实习我有很多收获，主要总结为以下三点：一是参与监考，了解了学生的考试流程；二是实战教学，获得了实践经验；三是准备比赛，习得了教学技能。

一、参与监考。学校开始了为期两天半的月考，我们实习教师也参与了监考工作，我负责监考语文和英语。通过这次监考，我对高中的考试流程有了更具体的认识。

二、实战教学。由于下周我们要进行第一轮试讲，一中的指导老师要求我们周四进行说课。说课结束后，老师们提出了指导意见。老师们认为学考班教学进度非常紧张，一节课应讲完全部内容，我所涉及的教学内容过多过难，需要进行适当地简化和删减。这确实是我教学经验不足导致的，对高考班和学考班的教学难度并没有做到精准把握。学考是通过性考试，确实不需要学生花费太多时间和精力，应当把更多精力放在高考的内容上。因此后来我删除了很多学考班不需要掌握的内容，同时简化了知识点的逻辑体系。作为实习教师，第一次站上讲台，更要打起十二分的精神认真准备，虚心听取指导老师的意见，努力给学生讲好课。

三、准备比赛。我报名参加了教师职业技能大赛。周六，学院邀请了一些获奖师姐为我们分享比赛经验，主要从PPT的制作、课堂风格、教姿教态几方面进行了指导。师姐建议，讲课追求的是直观高效，学生对于图片的理解速度远远高于文字，因此只要能用图片表示就尽量不用文字描述；精彩的导入非常重要，但不宜过长，最好具有情境，与探究活动相联系，探究活动的问题设置要体现学生的主体地位，逻辑由浅入深，由假设到现实；教学环节必须完整，呈现的教学目标必须有地理核心素养的关键词；作业设计最好是课外实践探究活动，最好能对本节课和下节课的内容承上启下；板书和绘图一定要美观，结构要合理，体现知识体系，富有逻辑，字数适中；关于PPT的制作，可以在成品PPT模板的基础上进行修改，也可以利用一些软件制作、补充、完善；语言要符合教师这个职业，过于口语化、太抒情或过于抑扬顿挫，都是不可取的；另外，站姿应挺拔自然，不要有太多小动作，着装颜色不要太沉闷。师姐们的建议都非常中肯、有益，我学到了很多。

希望下周的试讲一切顺利，我能获得更多教学实践经验！

指导老师评语：

积极参与教学过程，通过对每个环节的认识和思考，了解到事物的不同面貌，是促进学生和自己共同提高的重要途径。将别人的建议听进去，并通过实践和思考内化为自己的技能，升华为自己的本领，这样对以后的教学才会有所帮助。

2.12　沉心而为
翟天泽

本周是我来到实习学校的第四周。经历了三周的听课、作业批改以及出卷子的训练，教务处的老师决定下周统一为我们安排试讲，于是一次火热的备课便开始了。

学习和模仿前辈，可以促使我们快速成长。通过听课我发现，每个老师都有自己与众不同的讲课风格。王老师习惯通过高考题应用知识，孙老师则经常举一些生动的例子，杨老师、张老师也都有自己的一套模式。通过反复对比和自我反思，我觉得我更喜欢孙老师的教学风格，于是我经常去听孙老师的课。学习他上课时用的案例或者段子，将其放进自己的素材库，通过自己的再加工，后期融入自己的课堂中。希望在下周的实际授课中能够形成自己的风格。

虽然前几周通过旁听老教师讲课，对于农业、城市化的知识讲授我们已经有了一定程度的把握，但是面对陌生的《工业的区位选择》这节课，我们几个实习老师一时间有些摸不着头脑。于是我们找来了老教师去年的课件，通过他们的教学思路来厘清自己的授课顺序。因为我们讲课的班级是学考班，学生对地理知识的掌握程度要低于高考班，而且他们的课时很少，所以需要一节课讲完本节课所有的知识点。对一个地理专业的大学生来讲，至少需要 1 个月才能真正掌握这方面的知识点。因此，面对有限的课堂和大量的知识，我们还需要不断地提取精华，用最高效的方式，帮助学考班的学生提高地理核心素养。要实现这一目标，就必须精心备课。

优质的备课资源可以丰富教学内容和形式。上周我们尝试为高一年级出月考试卷时，备课组的老师给我们讲了如何方便、保质地利用某网站出一份规定难度系数的测试卷，于是这周备课前我查询了一些备课资源网站和一些优质课网站。关于PPT的制作，我找出了张军龙老师在实习前给我们发的培训课件，重新修改了PPT。除此之外，我们几个还从公众号上学习如何制作精美的PPT，希望能给学生耳目一新的感觉。

教师是课堂的引导者，在教学中运用一定的思维逻辑有助于学生理解知识。课堂教学是个性化很强的工作，备课的时候，我们几个经常出现意见不统一的情况，对于知识侧重点的理解也不同。经过协商，我们最终决定先各自完成PPT，然后再互相借鉴，完善自己的内容。这样既保证了知识的完备性，同时也保留了我们自己的教学思想。

以上就是本周备课我所产生的一些感悟。希望通过下周的实际授课，我能有新的思考。

指导老师评语：

学习是一个肯定他人、完善自己的过程，执教者更需要不断鞭策自己。教师经过思考可以将学习方法和理念教给学生，给学生提供更多的选择。好的工具可以让我们做事事半功倍，将常用的工具运用到炉火纯青的地步，自然你就成了高手。

2.13　如何组织好单元活动？

蔡依霏

这周徐老师给了我一个单元活动的讲课任务，虽然只是一个单元活动，但却是对全章内容的总结和升华，任务十分艰巨。而且这个单元活动内容很多，如何给学生讲明白很重要。我和其他三位老师对书上的每一个知识点都进行了分析，并积极讨论。这种积极的探讨氛围使我有了继续做PPT的动力。这个单元活动的课件完全是我自己设计、自己组织材料完成的，足足准备了两天，准备得很充分。

在具体的教学过程中，我会根据学生的个性特点，随时调整自己的教学进度和教学计划。如在高二3班，这个班学生整体素质较高，我和学生也比较熟悉，课堂氛围比较活跃，我更多的是抛出问题让学生讨论。在学生讨论的过程中,我会在下面观察并与学生交流,从而了解学生的学习情况,随时调整教学计划。但是在4班,学生基础较为薄弱,我更多的是抛出问题,一步一步引导学生去理解。此时我会主动提问学生,询问他们的思路;对一些不好意思回答问题的学生,也会给予他们更多的鼓励。我知道一两节课无法改变他们的"羞涩",但我希望他们可以通过一次次的锻炼,积极讨论,主动思考,而不是一味地依赖老师的讲授获取知识。

根据老师建议,我在语速等方面进行了调整,每讲完一个知识点,都给学生留巩固的时间,对课堂进度和节奏掌握得更好了。总的来说,单元活动这节课达到了预期的效果。

指导老师评语:

单元活动是对全章内容的总结和升华,综合性很强,对实习教师来说,是一个不小的挑战。你敢于迎战,而且还达到了预期的效果,证明你离成功已经不远了。

2.14 备课监考两不误

吕世轩

不知不觉我已经来这里实习1个月了,很多工作都已经变得轻车熟路。第四周我们体验了备课和监考两项工作,感触颇深。

原本看似常规的备课,其实对新老师而言并不轻松。根据学校通知,我们要在19日后给学考班上课,需提前一周备课。与大学的知识相比,虽然高中知识难度较小,但受众是年纪较小的学生,他们的理解力和感悟力较大学生要差一些,所以如何通俗易懂地讲明白才是头等大事儿。

就《工业的区位选择》这节课而言,很多知识属于生活常识,有人认为,这节课没必要做PPT,但是我和其他三位实习生都觉得这是我们的第一节课,还是要展现一下自己的水平和山东师范大学的风貌,所以一定要认真对待。但是问题随之而来,一些浅显易懂的知识需要搜寻什么样的案例才能让缺乏地理素养的学生更好地理解呢?这就十分考验我们的地理功底了。另外,PPT制作也是一个大问题。我们手中虽然有一些现成的资料，但为了能达到最好的效果，还是需要整合梳理，以吻合课标的要求。

除了备课以外，监考同样是一件具有挑战性的工作。监考真是枯燥乏味，难怪办公室的老师一开始就给我们打预防针，让我们一定要做好心理准备，尤其是做好监考语文的心理准备。今天我和耿康宁监考语文，两个半小时真是如坐针毡。不过收获也是有的。我监考的是第三考场，大部分学生的成绩位于级部 60—90 名之间。我观察学生的答题习惯，发现有的同学先写作文，用了大概 1 个小时；有的同学是按部就班地答题，完全按照题号答题；还有的同学是先把除作文以外会做的都做完，最后再攻难题。最终结果差别还是比较明显的，那些先写作文的同学，在做剩下的题目时显得非常仓促，状态明显不如考试之初，有几个学生差点没做完卷子；按部就班做题的只要写字速度还可以，都能顺利答完试卷，还可以留出一定的时间检查试卷；先做简单题目的学生答题速度并没有优势，和先写作文的无异。本来考试就比较耗费精力，又在最后的时间做最难的题，状态上难免会差很多。

通过这次监考我发现，其实老师在出题的时候都是难易有度的，而且配比也比较科学，人为地挑选难题或者简单题来做效果都不会太好。有时一味地钻牛角尖去攻克难题可能会适得其反。

下周就要进行说课了，希望我能备好课，做到万无一失。

指导老师评语：

备课的时候将常用的工具使用好，可以有效地提升课堂效率。日常的考试就是对阶段性学习效果的考查，平时对知识的掌握是影响做题方式的主要因素，因而需要教师在课堂上引导学生掌握知识背后的逻辑，这样学生答题时才能得心应手。

2.15　备课讲课进行时
蔡依霏

周三有幸从徐老师那里得到两节课，给学生讲授选择性必修一第二节的内容，非常感谢徐老师在课程这么紧张的情况下，能够拿出宝贵的时间和精力辅导我们授课。早上来到办公室，跟宋老师和徐老师商量了新授课的内容后，便投入备课当中。

首先，要根据教学设计厘清教学思路，反复参悟教材和教参，抓住课本中的重点和难点。由于我高中是理科，没有完整地学习高中地理的所有内容，并且近几年教材的版本发生了很大的变化，所以我对高中地理的重点知识没有完整的认识。在熟悉教学重难点方面，我多次请教徐老师和宋老师，两位老师也不厌其烦地给我解答，帮我解决了很多困惑。

其次，掌握了课本的重难点以后，我便开始根据精心设计的教学思路制作PPT。我不断调整相关知识的顺序，即使一个符号也要斟酌半天。为了追求完美，哪怕是PPT之间连贯的问题我也会苦苦思索，努力让两个知识点之间无缝衔接。在制作课件的过程中，面对一些图和知识点，我努力地思考学生可能出现的疑问，如这条线为什么画在这里而不是别处，为什么是这个地方出现断层而不是其他地方，并和指导老师讨论。备课过程中，我把自己当作一名学生，思考哪个知识点可能会产生疑惑，怎样表述才能让学生透彻地理解这个知识点。我不断地修改课件，每一个动画都会想它的起承，努力让课堂无缝衔接，只是希望学生能轻松地理解知识。

2021年3月25日，7：50，我正式以一名教师的身份站上讲台，给莱阳四中高二2班的同学上了我人生中的第一节课。在学院指导老师、莱阳四中指导老师的帮助下，我顺利地完成了我的授课，不仅给自己树立了信心，也在学生心中树立起一个靠谱的形象。

通过这次讲课，我学到了很多教学技巧，积累了很多教学经验，也深深地体会到做一名教师的不易。

指导老师评语：

教师提高讲课水平需要一个积累的过程，这一过程不单单是自己一个人的苦练，还要与过来人交流，以获得更多的间接经验。

2.16 讲解试卷的快乐

刘佳音

作为一名实习老师，最主要的任务除了紧跟自己的指导老师迅速学习如何教学外，对课堂内外的各项事务也要有一个清晰的认识，同时锻炼处理班级日常工作的能力。

之前我的主要任务是跟着刘老师熟悉教学内容和流程，在认真备课的基础上根据刘老师的现场教学，对比自身的差距和不足。就像照着标准答案修改自己的作业一样，只能尽力模仿老师。但这周某节课上，刘老师毫无预兆地说："小刘，这节课你来讲试卷吧，卷子是你批改的，你清楚同学们的问题所在。"我很吃惊，因为平时讲的习题都是简单的课后题，现在突然让我讲期中考试卷实在有点意外。虽然我看上去走得不紧不慢，但是我却感觉像是踩着棉花飘飘然地站到了讲台上。看着台下学生期待的眼神和刘老师坐在教室最后一排淡定的样子，我深吸一口气，结合自己批改试卷时所归纳整理的易错点，开始讲试卷。

在讲台上讲题与做学生时和同学讨论错题不同，学生时代可以用各种奇奇怪怪的思路去解题，以做完题为最终目的，而现在，我得把内容讲出来，一步一步引导学生解析题目、分析知识点、分析易错点。课后，不少学生围着讲台继续追问我。幸好这块内容我准备得很充分，他们的问题我都能一一解答。我不禁有点小得意，庆幸自己"未雨绸缪"，才让这次讲试卷轻松愉快。

现在我已经从听课转为讲课，从学生转变为教师，我需要将自己的知识转变为实际教学的内容，讲授给学生。以后我要不断学习、不断实践，争取做得更好！

指导老师评语：

第一次上讲台紧张是难免的，这是每个教师必经的心路历程。教师要对学生提出的问题进行科学的引导，尽最大努力帮助学生获得提升。

2.17　实践出真知
翟天泽

第二次月考结束后，学校给我们安排了第一轮试讲。结合试讲和本周参加教师技能大赛时山东省教育厅老师的分享，我对授课有了一些经验的积累。

　　准备一节课首先要做的是理顺课堂的逻辑。课堂的逻辑来自何处？答案是课程标准。课程标准是国家对基础教育课程的基本规范和质量要求，教师要结合课程标准深度剖析蕴含其中的地理核心素养（地理实践力、人地协调观、区域认知及综合思维）。而学生对于课程标准的理解则依托于教师在课堂前设置的学习目标。目前大家对于教学目标、学习目标还存在争议。我认为以教师为主导、学生为主体的课程理念更为合适，毕竟这个目标展示的对象是学生。在最新的教学趋势里，课堂导入成了一个新颖点。教育厅的老前辈说："不要让课堂导入只成为一个噱头，要贯穿始终，让学生在情景中沉浸式学习。"我深受启发。很多时候，我们一味地追求课堂环节的新颖，却忘记了课堂环节的连贯性；很多设计没有深刻的教育意义，徒有花样，教师为了让自己的课堂看起来富有创意而去设计，从而忽略了课堂的本质是把握好系统知识体系。总的来说就是，教师要在课程标准的引领下，在教学中贯穿自己的思想，让学生在流畅而富有创意的情景中主动探索，主动学习。

　　教师的教学艺术影响理论内容的呈现。指导老师告诉我们："亲其师，才能信其学。"我觉得说得非常好。学生对一门学科的兴趣不仅仅源自学科本身的魅力，很大一部分还受教师个人魅力的影响。如何把知识点讲明白，如何把课堂内容讲生动都是教师要注意的问题。上周给学生讲《工业的区位选择》时，我特意搜集了很多博山本地的案例资料，发现用通俗的例子体现课本知识，有利于激发学生的学习兴趣。比赛的时候，有一位师姐讲得非常有逻辑，但是评委老师却指出她的表情太过严肃，学生都不敢抬头看她。因此，在树立教师威信的同时，我们也要维护好亦师亦友的师生关系。

　　最后一点就是PPT这个课堂上不可或缺的重要工具。PPT是展示课堂进程的工具，它的美观程度、逻辑思想等都会对课堂产生重要的影响。一个PPT首先要有清晰的题目层次，这是学生记录笔记的辅助工具；其次，PPT背景和插图要切题、美观。一个令人赏心悦目的PPT在一定程度上可以防止学生上课打瞌睡。但是也不能一味地追求美观，PPT的内容也要符合课堂内容，尤其是地理学科。地理离不开各式各样的图片，这也要求我们找的图片要足够清晰。

以上就是我在授课过程中总结的一些授课经验。未来，我会一如继往地继续努力，不断进取，争取早日成为一名优秀的教师。

指导老师评语：

教师的魅力来自何处呢？多读书、多思考、多交流、多见识、多实践……我们在教学过程中应时常提醒学生要敢于表达自己的所思所想，积极展示自己，这样有助于师生之间形成良性互动，有助于老师制定出适合学生的学习策略。

2.18　不问收获，但问耕耘

吕世轩

实习的第六周是非常值得纪念的一周。一是我的论文被顺利拉回，二是我开始协助导师给非高考班上课。

我的论文可谓一波三折。从去年7月份投出到现在，将近9个月的时间，论文已经被拒了两次。这次论文被拒也是充满了戏剧性，好在一周后终于传来了好消息。本来以为论文可能在我申请保研前没有任何发表的机会了，主编的一封回信又让我重新振奋起来。有一句话说得好，不问收获，但问耕耘。很多时候事情并不会如我们所愿，就像这次一波三折的论文投稿经历一样，我们唯一可以把握的就是抓住当下的每一次机会，尽力做到最好。就像高考的时候，我抱怨自己发挥失常而担心未来的人生会暗淡无光时，我万万没想到自己能够遇到恩师并且取得了意想不到的突破和进步。所以回头来看，只要付出到位了，收获总是会来的。

一直以来，我特别喜欢给别人讲课，每当通过我的努力让别人学会了更多知识的时候，我就会觉得自己的存在是有价值的。身为一名老师，我担负着传承的使命，要把自己所掌握的知识技能传授给学生。站上讲台的那一刻，我突然体会到了陶行知老先生的一句话："捧着一颗心来，不带半棵草去。"可能这就是成为一名人民教师的真谛吧。我无数次和父母交流过，无论从事什么行业，只要作为社会的一分子，我们都应该有责任感和使命感。我坚信，只要我多给学生讲授一点知识，学生可能就会多进步一点。这并不一定体现在他们考试的分数上，也有可能体现在他们的素质和涵养上。只要能够看到他们进步，无论付出多少都是值得的。就像在讲《工业的区位选择》这节课时，我并不仅仅局限于讲课本上的知识，而是尽力给学生举生活中的例子。将地理学融入生活当中，从生活中发现地理学的原理和知识，我相信这是最好的也是最有效的地理教育方式。

实习生是教师队伍的新鲜血液，我愿意付出自己的一份努力为高中教育向素质化的道路发展做出自己的贡献。

指导老师评语：

"不问收获，但问耕耘。"作为一名教师，在学生的培养上更需如此。我相信，你们在不远的将来一定会在各自的领域闯出一片属于自己的天地。

2.19　多媒体让课堂更精彩
翟天泽

本周课程开始进入选择性必修一的学习。基于必修一自然地理的基础性知识，教学内容逐步进入重难点部分。面对难以理解的航线、最短距离等抽象概念，带教老师纷纷加强了对地球仪、悬浮模型、小视频等多媒体的使用，这也让我切身体会到了多媒体技术在教学应用中的重要性。

首先，运用多媒体技术可以让课堂更精彩。教师将多媒体技术运用在地理课堂中，利用网络搜集更多教学所需要的照片和精彩文章，做成幻灯片，在课堂上展示给学生，通过调动学生的听觉、视觉等多种感官系统，提高了学生的专注力。激发了学生的学习兴趣，开拓了学生的思维，使课堂更精彩，更有利于学生学习新知。如在讲解昼夜交替时，孙老师就利用悬浮模型，向学生展示了光源、自转、公转等条件下昼夜交替的产生。课前预习时大家都一知半解，课后学生都有了更清晰的认识。

其次，多媒体技术的运用可以促进学生对地理知识的理解。地理学科具有自身独有的特征，它囊括宇宙天文、河流山脉、人文发展等，同时与人类实践活动密切相关。因此，学习地理这门课有一定的难度，学好地理需要有更强的理解力。在教师进行理论知识的授课过程中，学生难免会对理论知识感到困惑，此时教师就可以利用多媒体技术，为学生播放相关的视频，增强学生对地理抽象概念的感知能力。当学生对地理现象有所了解之后，再进行相关理论知识的学习，这样，学生就会对地理学的发展背景和理论有更深入的理解。

再次，多媒体教学使教学资源更均衡。在一些教学资源较为落后的地区，在应试教育的观念下，地理教学的主要方式是通过题海战术进行基础知识的反复练习，对于学科素养的拓展则少之又少，这种传统的教学模式与素质教育要求大相径庭。而借助多媒体信息技术，不仅是西部资源匮乏地区，全国的师生都可以挖掘大量教学资源，这对地理教学而言意义重大。地理现象所跨越的空间尺度很大，东部的同学很难看到牛马成群，西部的同学很难看到大海的波澜壮阔，而多媒体使这一切得以实现。利用多媒体，教师可以有效地丰富和优化自己的教学。如在学习世界区域地理时，学生听老师讲解和阅读课本根本无法对美国、印度等国家产生生动的认知，对于各个国家风土人情的了解也仅停留在抽象的背诵层面，而通过互联网信息技术，尤其是 VR 等技术，教师可以开展模拟研学旅行，开阔学生的视野，帮助学生积累大量知识，培养学生的观察力、想象力，提升学生的人文素养和地理学科素养。

多媒体的使用给我们带来了很大的便利，使课堂教学更丰富、更多彩。

指导老师评语：

如何将我们现有的资源调动起来，尽可能地缩小区域间教育发展的差距，对我们教师来说是一个不小的挑战。如何持续发挥多媒体技术的作用，是一个非常值得深入研究的课题。

2.20　讲题需技巧

翟天泽

因为本周讲授的地球自转部分的知识难度比较大，需要学生进行一定的运算，又加之晨昏线、日界线等概念具有一定的抽象性，所以晚自习的时候很多学生来问问题。前几天我准备得并不充分，有时讲完题自己的逻辑都是乱的。好在后期和大家一起讨论并向老师及时请教，问题得以解决，所以在讲题这个环节我又有了一些新想法。

一、提前做题，既有利于梳理逻辑思路，又可以节省学生的时间。第一天给学生讲题的时候，大部分的题目没有做过，每次讲题都需要花费一定的时间自己先做一遍。而且讲题时逻辑不清，语言混乱，毫无条理性，自己讲得晕头转向，学生听得云里雾里，讲题的效果可想而知。于是，后来我就提前做一遍学生的作业；面对很难讲的题目，我也会向老教师请教。最近几天我讲题的速度越来越快了，学生理解得也更好了。久而久之，我就可以预先发现学生学习中的知识盲点，能够判断出哪些知识点容易出错。俗话说"教学相长"，教师给学生讲题的过程中多做些题目，对教师提高自己的教学基本功也大有裨益。

二、讲题不单单是讲一个题目怎么做，而是教学生解决问题的方法，引导学生梳理逻辑。其实很多题目考查的知识点是相同的，因此做题也是有套路的。掌握了方法，就可以举一反三。教师在讲题过程中要注意引导学生学会用已有的知识去解决新问题，建立自己的解题模型。很多时候，来问问题的学生基础比较薄弱，所以教师在讲题的时候还要先进行知识点的回顾。这时如何解题就不重要了，重要的是如何把知识点应用到题目中。

三、有意识地让学生转变身份，把听懂的题目讲给其他同学。由于来问问题的学生比较多，有时我会让已经听过讲解的学生试着为其他同学讲题，如果他能讲明白这个问题，那就说明他是真的理解了。同时，学生也更加明白这道题卡在了什么地方。知己知彼，讲题就更有针对性。学生讲题可以展现其讲题时的思考方式、内容的理解程度及问题的多发点。教师可以及时肯定学生思考的合理部分，纠正思维误区，还可以给学生锻炼的机会，提高学生的交流能力和学习能力。

总体来说讲题大致分为三类：一是就题论题，二是就题发挥，三是借题发挥。但是，还是要具体问题具体分析，不同问题采用不同的教学方法。

指导老师评语：

讲题是一个对知识点进行深入认识的过程，对于已经讲过的问题，让学生充分参与，不仅可以锻炼学生的思维能力和表达能力，而且还可以增强学生的自信心。这个过程中教师一定要让学生认识到，给他人讲题可以加深自己对问题的理解程度，同时也可以听听其他同学对于问题的理解，以便让自己得到提升。

2.21　极地地区教学探索
范子语

　　课程进行到课本的最后一章——《极地地区》。极地地区的地图以俯视图为主，与平时学生所接触的平面图有所不同，所考查的题型也更具难度和挑战性，非常考查学生的空间想象力和理解力。对于具有难度的极地地区，我采用了先易后难的教学策略。

　　教授《极地地区》第一课的时候，我先播放了一个介绍地球极地地区的小视频，激发学生对极地地区的浓厚兴趣，接着带领学生深入了解南极和北极地区，并从气温、风速、降水量等气候特征方面对两地进行对比。然后，我简单地介绍了南极和北极地区的科学考察站，以及科考人员通过什么样的方式去探索南极和北极地区。学生对科学考察很感兴趣，纷纷表示长大后想去极地地区进行考察。这节课我知道了如何通过自己的课程在学生心中播撒科学和希望的种子，激发学生不断学习和探索未知世界的兴趣。

　　教授第二课的时候，我在讲课之前先带学生回顾了上节课所学的知识，并对学生进行课前提问，通过复习上节课的知识引出了本节课要讲授的内容之一——极地地区的现状。在学生充分了解了现在极地地区所面临的严峻的环境问题后，我鼓励他们思考：可以采取什么措施解决或者缓解这种环境问题？经过积极的讨论，大家集思广益，总结了不少切实可行的措施。我认为只有学生积极参与问题中，才能更好地认识问题，深入分析并解决问题。同时，学生也能深刻地认识到保护极地环境刻不容缓。

　　《极地地区》第三课——在极地地区判断方向，是学习极地地区最难的一课。因为这一部分的内容对这个年龄段的学生来说比较难理解，而且做题时容易混乱出错，所以我采取了两种方法来解决这个问题。第一是编一些朗朗上口的口诀帮助学生记忆。如"地球自转自西向东，画个箭头南顺北逆"，学生记住之后做题就不容易出错。第二是在课前准备一些比较典型的题目，结合课堂讲解帮助学生熟悉并理顺这一部分的知识。在讲完定义和方法之后，通过带着学生做题、讲题，让学生从题目中掌握知识并加以运用。三个班讲授完，我发现效果显著，大家对极地地区的知识掌握得还不错，对在极地地区判断方向的考题也得心应手。

这次极地地区的教学探索，使我明白了一个道理，教授课程并不是简单地复述知识，而是要站在学生的角度思考问题，运用一些方法带领学生克服困难。在教学上一定要多思考、多尝试，深入浅出，这样才能帮助学生更好地理解知识、运用知识，达到学以致用的目的。

指导老师评语：

教学实践是一个不断探索的过程。教学过程中采取一定的教学策略，不仅有助于学生提升学习效果，对教师来说也是一个很大的提升。切合学生实际的教学策略可以使教学事半功倍。

2.22　直面课堂挑战

耿康宁

我们在为新一轮的讲课紧张备课。按照进度，我讲的是《工业的区位选择》。该部分涉及工业区位因素的种类、五种指向型工业、工业集聚和扩散、工业区位因素的变化。我原本以为学生对工业有一定的认知基础，特别是生活在博山这样一个老工业城市的学生，但是通过这段时间的观察，我还是有不少担忧。

首先，在与学生的日常相处和教学听课的过程中我发现，我们眼中的常识，对于学生来说可能却是必须要教的知识。记得有一次备课时竟然听到学生问馒头是玉米做的还是小麦做的，听着又好笑又震惊。反思后，我不禁感到地理老师的责任之重。随着社会的不断发展，学生从小生活在城市的高楼大厦里，对他们来说种田是件非常遥远的事，自然很难见到小麦、玉米、高粱、谷子等作物生长的样子。我们说到的黑土、青土、紫土等土壤类型，在地面硬化率极高的市中心，他们也绝无发现的机会。用缺乏实践的、空泛的经验指导我们的教学无疑是可怕的。这让我们在讲课中不仅要不断试探学生所掌握的知识程度，还要潜移默化地将这些生活常识教授给学生。这种试探与讲授是一个不断探索和改进的过程。

其次，在教学内容上，作为实习教师，我们讲的是会考班的课程，会考考纲对地理知识规划得十分浅显，不需要我们深入讲解。而在教学方式上，启发式教学、活动教学是我们师范类学生在教育学课程学习中十分重视的。但是我们只有微格教学和模拟练习授课的经历，在激发学生的主动性方面缺乏实践经验，实际教学中有时学生并不能很好地接收到老师所有的提问和启发。为此，我们在商议课件的过程中不断地修改每一处细节，认真把握。当然，对于我们这些实习老师来说，我们更想将掌握的每一点知识都内化到课程中教给学生。

曾经我们还是学生的时候，时常因为没有听明白或老师没有讲到而怀疑老师的水平，直到自己走上讲台我们才发现，当老师真难，需要我们不断地挑战自己，不断地学习，这样才能给学生讲明白。

指导老师评语：

你通过教学实践，可以体会与学生沟通的奇妙与快乐，通过学生的一双眼睛，可以发现不一样的世界。

2.23　关于补课的思考
翟天泽

本周实习学校给我们安排了为差生补课的任务。对于即将到来的地理会考，有部分特长生和基础比较薄弱的同学需要在晚自习进行补课。由于这次的授课对象比较特殊，所以我们在讲授模拟卷一时，需要把每道题所涉及的课本内容大致回顾一遍。为此，我们就如何为成绩薄弱的学生授课进行了探讨。

如果学生在会考的难度上还很难及格，那么首先应该从态度上找原因，其次才是知识内容。如果说90分以上考查的是智力水平，那么60分考查的就是努力程度。如果他们的成绩还处在较低水平的话，就说明他们在学习态度、课堂纪律、作业完成程度等方面存在一系列问题。面对大部分都是特长生的课堂，我采取了提问式的教学方法。通过提问来吸引学生的注意力，减少说话频率，这样学生的思维会处在一个紧绷的状态，不容易走神。同时教师通过学生的回答，可以掌握学生的学习情况，判断是否需要回顾这个知识点。

面对基础薄弱的学生，回顾基础知识面要广，难度不要太大。会考的选择题基本将必修一、必修二的知识点全覆盖了，一个题对应一个知识点。如何在 1 个小时内尽可能地让学生回忆起更多内容，我们认为用框架梳理，把知识点填补进去是一个好方法。学生可以根据题目对应知识点，在回顾知识点的过程中理解知识点是如何运用的，可以在较短的时间内完成记忆的存储与提取这两个过程。同时，在教师讲解基础内容时，很多同学会出现"眼睛会了，脑子不会"的现象，所以教师要多讲解原理和内在联系。学生在考场上如果忘记结论，也能推理出来。而且该画的图也要自己动手画，横坐标、纵坐标也要提示学生多加关注。在考试中，正是这些细节决定了成败。

同时我也运用班杜拉的自我效能理论[①]帮助差生摆脱逆境。对于基础薄弱的学生来说，经历过屡次失败的他们，在面对考试、做作业等"难事"时，会对外表现出一种高避型人格。他们害怕失败，所以不愿意去尝试。这时我们要引导他们进行正确的成败归因，使他们认识到努力的重要性，同时也要把握好分寸，以防其产生挫败感；出的题目也要注意难度的变化，由易到难，让学生感受到成功的喜悦，从而进一步激发学生的探求欲望，帮助学生走出逆境。

指导老师评语：

教育就是要对学生一视同仁，用我们的智慧和行动让学生通过参与教学过程感受到他的价值，让学生从基本的考核过程中感受到学习的喜悦，尽可能摆脱学习的思想包袱，正确认识前进路上的困难。这样，学生才会不断获得前进的动力。

---

① 班杜拉的自我效能理论：指个人对自己完成某方面工作能力的主观评估，评估的结果将直接影响个人的行为动机。

2.24 教研经验探寻

蔡依霏

雨淅淅沥沥地下着，像一幅没有尽头的画卷。每天早上我第一个打开办公室的门，然后投入新一天的工作中。我喜欢早起，因为早起可以拉长一天的长度，给自己更多自由支配的时间。

上午第二节课，教研室的王老师来听课，我们和宋老师一起去了高三办公室，学习地理教学的相关内容。王老师针对地理教学条理清晰地给我们讲述了五个方面的内容：

一　积累的重要性

面对当下教材的改版，高考命题的变化，核心素养的要求，课程标准的改革，教师在初入职时需要积累的东西很多。不仅是本体性知识的积累，还有一些教学理念、教学方法、教学手段的积累。在课堂上，教师一定要让学生动起来。通过点拨学生，引导学生，让学生主动完成教学任务，改变传统的教师教，学生听的教学方式。教师只有掌握一定的教学方法，才能将知识有的放矢地教授给学生，让学生做学习的主人，找到学习的快乐。

在此过程中，教师也要不断学习，学会知识溯源，在实际生活中多问几个为什么，站在学生的视角观察世界，这样更有利于引导学生理解和掌握知识。如今高考材料题的比例越来越大，更多考查的是学科思维，不再是哪道题会与课本的内容相近。因此，教师在日常教学中要培养学生读、审、析、解、答的各项能力，一步都不能落。但这每一步在考场上都要由学生独立完成，所以日常学习训练过程中，教师要不断培养学生的主动性。

教师要训练学生的主动性和地理思维，尤其在二轮、三轮复习的过程中找到知识的短板、思维的短板，做到扎实、透彻，做题不求多但要精益求精。教师抛砖引玉，使学生产生醍醐灌顶之感。此外还要在集体教育中，发挥集体与个人相互促进、相互影响的优势，以少带多，以集体感化个人，让集体与个人在宝贵的高中三年共同成长。

二 地图教学

目前，地图教学作为高中地理的重要教学内容，还未得到很多老师的重视。如何规范地使用各种类型的地图，学会读图、析图，提取图中的有效信息，也是教师在教学过程中需要不断渗透的内容。如今山东省的地理高考就倾向于以地图题的形式考查相关知识点。在交流的过程中，有些老师也表示学生很难理解这部分，并且认为考试的时候出地图题不易阅卷，所以对地图题并没有那么重视。我认为教师教学不能太功利，不能因为困难就选择放弃，那样是对学生的不负责任。为人师表，更应以身作则，不畏困难，不怕麻烦，引导学生攻克难题，不断进步。

三 答案制定

王老师从高考答案的角度分析了莱阳一中前十名学生的试卷答题情况，发现学生的卷面清晰、答题过程规范，得分就会比较稳定，两个老师给的分数几乎一样。当学生对答案改动后，一评、二评、三评的分数就会有差异，对学生的分数会有很大的影响。这也启发老师在教学过程中要培养学生规范答题的能力，不要轻易改动答案。很多老师认为学生能把正确答案呈现出来就好了，但是却忽视了这些细节给学生的分数带来的影响。此外，王老师还发现有些学生作答时要点不全、有错别字、随意窜改专有名词。这些问题都与教师日常的教学行为规范有关，教师首先要以身作则，率先垂范，引导学生养成规范答题的好习惯。

四 自然地理 & 人文地理

高中阶段的自然地理和人文地理在教材上是分开的，但是地理知识是相互融合的，要想让学生自如地应对考试，就需要学生在日常生活中熟练地掌握相关的地理知识概念，对材料进行分析，从中提取相应的信息，用规范的语言表述出来，完成作答。在二轮、三轮复习的过程中，学生往往盲目刷题，忽视了知识要点，导致不会组织答案，造成失分。所以学生在后期的综合复习中，要注意梳理知识，形成体系。

五　课堂教学

王老师提倡教师要多用"主题教学",这在新授课、习题课、复习课上均可以使用。要让学生明确这节课的主题是什么,知道学习的重难点,这样学生才能合理地分配课后的时间,提高学习效率。教师日常的讲评课要突出重难点,一节课下来要让学生有真正的收获。

这次交流给高三的老师带来了"一剂良药",及时地解决了现阶段备考过程中出现的问题。我们实习生通过这次教研活动,深刻地领悟到课堂教学是一门博大精深、奥妙无穷的艺术不仅需要不断地积累和沉淀,同时也需要推陈出新、与时俱进。

指导老师评语:

常常与人交流,聆听他人对生活的认识,我们可以获得成长中的"一剂良药",也会对生活有更多的思考,不觉之中思想会更加开阔。

2.25　优秀教师的力量
武玲玲

"这段时间,我每天都能见到我们小区凌晨的样子……"说这句话时,台上的女老师声音沙哑、眼眶泛红,久久不能平复内心激动的情绪。

这是本周参加教研活动的一名老师在做自我评价时的情景。原来老师准备一场公开课是这么不容易!一个星期以来,这位老师找了很多资料,一次次将准备好的课推翻重来,一次次地磨课,甚至因为没有思路导致心态崩了几次。优秀教师就是这样通过一步一步地努力成长起来的。

这位老师的课令我印象最深。她的课课堂氛围很好,能充分调动学生的积极性,并且引导学生深入思考。首先,她采用"积分+奖励"的办法,充分调动了学生参与课堂的积极性。我们可以很明显地看出学生回答问题十分积极。其次,她在课堂上设置问题,特别注重学生对知识点的充分理解和掌握。在提到气候会对哪些地理要素产生影响时,有同学说"交通",她没有对这个回答一带而过,而是要求学生举一个例子。"交通"是个常见且笼统的答案,这样逐步深入地探究,可以让学生对问题有更加深入的理解,也可以拓展知识体系。再次,她的课堂很注重知识的逻辑、联系和知识的迁移运用,一步步地引导学生。在讲《"白山黑水"——东北三省》这部分内容时,老师先展示了三个不同地方雪期长短的差异,通过对比侧面反映出这三个地方气候的细微差异,再具体分析三地的自然环境有何不同,最后再分析气候对环境的影响,环环相扣,循序渐进。

这位老师既做到了"亲其师,信其道",又实现了"信其道,亲其师"。从一开始被这位老师上课的亲切感所吸引,再到被这位老师整个课堂讲解背后的用心所打动,我更加喜欢这位老师了。这位老师身上有很多我不具备的优秀品质,我要向这位老师学习,努力让自己成为讲台上的闪光点。

指导老师评语:

每个人的成功都经历了台上一分钟台下十年功的磨砺,每一份荣耀都值得我们用心体会这背后的辛酸故事。你只有将已有的理论知识和他人的方法以及自己的实践相结合,才能找到最适合自己的路。我们要做真正意义上的知识的传递者和学生的人生导师,而不仅仅是一节课的传授者。

2.26　浅谈复习课

张志洁

到底该怎么上复习课呢?在我的印象中,学生对复习课一直都比较排斥,有的学生认为复习课就是背背重点,老师简单提问,过程枯燥且无趣。那么,怎样设计复习课才不会让学生觉得枯燥乏味呢?

今天第一节上复习课,我刚走进教室学生就开始问:"老师,老师,今天学《撒哈拉以南非洲》(新课)吗?"我说:"因为期中考试要到了,所以咱们来复习一下前面学的知识,看看你们掌握的情况。"话音刚落,我就感觉教室里的气温瞬间骤降了好几度,学生的笑脸瞬间变成了苦瓜脸。我拿出和刘老师设计的复习学案，让课代表发下去，之后就结合我做的PPT进行知识串讲，基本上就是苏格拉底产婆术①，我不断抛出问题，引导学生回答。

还有可爱的同学给我提建议，说教室的电脑上带着一个随机抽号的系统，大家对这个小程序特别感兴趣。经过实践，我发现这个小程序的提问效果比我直接提问的效果要好很多。在准备期间，同学们的眼睛一刻也舍不得离开课本和学案，抽取同学的时候他们又表现得特别期待和兴奋。我还尝试着画了一下日本的简图，学生对粉笔画的简图的兴趣明显要高于PPT。下课铃响起的时候刚好讲完，我听到前排的同学说："这节课过得真快！"

记得上次张老师来看我们的时候提到的寓教于乐（当时老师以抽纸条提问的形式来举例），通过这节课我对这个词有了更形象的理解，原来枯燥的复习课也可以很有趣。这也让我明白，学习并不是一个枯燥的过程，有时只要教师花一点心思，就可以使课堂充满乐趣。

指导老师评语：

教育就是一个互馈的过程，你要相信一份心意、一份坚守、一份努力定会换回更多希望。学生体会到了你的用心，体验到了学习带给他们的快乐，进而会以更加积极的学习态度来回应你。

2.27 两军对垒，万箭齐发
张志洁

今天是第一次实行小组对垒式复习，我怀着忐忑不安又有些期待的心情走进了教室。

还没开始讲课，学生就摩拳擦掌、跃跃欲试。只见李同学和江同学又开始了他们的表演，用眼神和肢体语言不断地挑衅。我无奈地笑了笑，开始上课。

---

① 苏格拉底产婆术：指古希腊苏格拉底关于寻求普遍知识的方法。

首先，进行知识点的串讲。在串讲的时候我发现有一些同学在偷偷背知识点，估计是希望为自己的小组挣上1分；平时在后面趴着不认真听课的几位同学也坐到了前排，期待能为小组出一份力。这让我特别惊喜。

其次，进行提问。前几轮提问的时候还好，学生举手特别积极，争着抢着回答问题，后来他们渐渐对我的规则产生了不满。原本的规则是哪一组举手的人多就选哪一组，渐渐地，个别小组受到了很大的打击，开始消极参赛。组长和我抱怨说，这样不公平。我想了想，建立小组的初衷无外乎是寓教于乐，提高他们的积极性。于是我修改了一下规则，由教师点名，每个小组都会点一个学生起来回答问题。但这样一来那个领先的组又开始抱怨，甚至产生了小摩擦。于是我及时制止了他们，并且稍微修改了下规则，每个小组回答问题的机会均等。除了优先提问的同学，我还会点一些学习水平相近的同学来回答同一问题，这样一来相互埋怨的声音果然少了。

接下来的课堂秩序好了很多，没有同学再吵吵嚷嚷了，知识点很快就复习完了。虽然具体实行的时候有许多不顺的地方，但是经过不断地调整，最终呈现的效果还不错。让学生成为课堂的主人，学生的学习兴趣自然而然就提高了，这对教师来说何尝不是一件好事。前几天我感觉自己就像一头可怜的老黄牛，在一块坚硬如铁的田地里耕作，真是力不从心，甚至一到上课就开始犯愁。现在，我非常期待他们在课堂上的表现。

经过今天，我认识到在以后的学习、工作、生活中，要敢于尝试新事物，抓住每一次机会，让自己变得更好。

指导老师评语：

学习就如行军打仗，要想取得胜利，前期必须要经历严苛的训练。小组对垒的复习方法很不错，是学习过程中的演习，这样可以充分调动学生的积极性，对平时所学进行检验。同时，学生在参与的过程中看到其他组员的表现，有了实实在在的参照，并对自己存在的问题进行分析，有助于学生后期行动和思维的提升。希望你在接下来的实习中有意识地加强训练，在点滴中获得提升，在下次的实战中取得更好的结果。

2.28 出卷与谈心

吕世轩

第三周没有什么特别新颖的工作,但是我觉得有两项工作十分有趣,而且很有意义,值得记录下来。

第一项工作是出卷子。不得不说,出卷子要比我之前想象的简单太多,怪不得当年高三的时候老师能出那么多题。现在出卷子有一个神器——某某网。在这个网站中,你可以任意选择全国各地的题目,加入自己的试题篮,形成一套新的试卷。这有点像我们在某宝中把商品加入购物车,最终下单的过程。出好试卷之后便可以根据纸张大小、字体、页边距等各种参数进行个性化设置,然后下载 Word 版。因为我第一次出试卷,没什么经验,所以出的题难度有点大,我打印出来做了一下,做错了三道。其实当时出题是想让学生拓展一下,没想到自己先打脸了。指导老师一直安慰我说,没关系,就是要出难题才能让学生心里有点数,好好学地理,这套题很成功。但我依然很担心,会不会因为题目太难而让一些本来就不是很喜欢学习地理的学生更加抵触地理?但是想到当下的高考题型,想到让学生多见识一些题型有益无害,我就释然了。第一次组卷,圆满成功。

第二项工作是谈话。这周和班里几个学生谈话,给我印象最深的是我们班的周同学。他原本的成绩是理科班第一,突然转到了文科班。和他交谈的过程中我发现,他是一个博览群书的学生,非常喜欢历史、地理,但是他并不擅长理科。尤其是在新高考的形势下,数学已没有文理之分,所以他更愿意把时间花在数学上,来提高自己的总成绩。我很佩服他,我觉得身为一名老师,有时候也可以从学生身上学到很多。人就是这样,什么都想据为己有,却什么都不想放弃。但鱼与熊掌永远无法兼得,有时只有放弃一些东西,才能得到我们想要的。

另外,通过谈话我可以看出,他是一个非常有主见的学生,内心并不满足于现在的生活,他一直渴望到更广阔的天地去打拼一番。我觉得这与他长期坚持读书且喜好史书有一定的关系。书中自有黄金屋,当一个人读书多了之后,就不会轻易地被他人的想法所左右,他会有一套自己的逻辑体系与思考方式。尤其是在这个信息爆炸的时代，人们面临着诸多诱惑，如果无法守住自己的本心，很容易被带偏。因此，一定要多读书、读好书。

下周就要考试了，祝我的学生取得好成绩！

指导老师评语：

通过更加科学的考核方式，充分尊重学生的个性和特点，促进学生对生活和未来的思考，让学生获得面对困惑敢于发声、面对诱惑有力抵抗、面对欺凌敢于反抗、面对权威敢于质疑、面对责任敢于担当的勇气和能力，为国家的发展储备更多的人才，这样的教育才更有意义。

2.29　监考的奇妙体验
范子语

学校举办第一次月考，并安排我参与本次考试的监考工作。

上午 8:00 开考，我提前 20 多分钟到达教室，在考务办领取了试卷。在前往考场的途中，偶遇我的几位学生，我问他们复习得怎么样，有人笑容满面、信心满满，有人垂头丧气、愁眉苦脸。大家截然不同的反应让我哭笑不得，只能嘱咐他们保持积极的心态，按照我考前最后一节课讲的答题技巧和方法细心答题。

我站在考场门口，看到教室桌面上的书都已清理干净，整个教室明亮又舒畅，与平时堆放着各种学习资料的教室相比，是两种截然不同的氛围。距离考试开始还有 10 分钟时第一次铃声响起，按照考前培训会的要求，我开始贴条形码。第一次贴条形码我有点手忙脚乱，还没有贴完条形码，距离开考还有 5 分钟的铃声就响了。另一位监考老师接过我手里的条形码帮我贴，让我先把答题卡、试卷发放到已经贴好条形码的学生手里。终于，一切准备工作就绪，开考铃声响起，我一直紧绷的心才放下来。

我和另一位监考老师分别在教室前、教室后静静坐着。扫视了一圈，看到学生紧皱着眉头的脸，那种紧张的表情让我回忆起自己学生时代考试的场景。那个时候偶尔抬头，看到监考老师在讲台上悠闲地坐着，内心羡慕不已。如今自己做了监考老师，才知道监考并不是一件容易的事。监考是一项费眼力的工作，需要不断观察学生的动态，提醒学生注意掌握时间。

距离考试结束还有 15 分钟时，我轻声提醒，学生听到我的声音，齐刷刷地抬头看我，我说完，他们又赶紧低头，继续书写。我发现，最后这十几分钟学生好像比之前的 1 个小时写得还要多。铃声一响，我和另一位监考老师默契分工，一人一边开始收答题卡，一场监考告一段落。

这次月考我一共监考了四场，在每两场考试的间隙，我看到同学们都在教室的走廊里争分夺秒地背诵知识点，有的学生去卫生间都是一路小跑。认真坚持的他们，为了自己的梦想，为了自己的未来，在努力奋斗。希望时光不负他们！

指导老师评语：

监考是一个非常枯燥但又非常重要的过程，这个过程不仅是对学生学习成果的检验，也是对教师教学成果的检验。希望你可以将这个简单的事情做好，为学生提供更优质的教学资源，为学生的前途保驾护航。

2.30 在阅卷中成长

王伟鸿

不知不觉，实习生活已经过去八周。八周的时间里我在慢慢地适应新生活，工作能力和讲课水平都有所提升。

五一假期里，我根据张老师的意见尝试进行声音和书写的练习，努力提高自己的授课质量；同时通过观看优质课视频，学习优秀教师的授课方法，比如如何更好地开展合作探究，如何自然地利用身边的教具等；我还重新阅读了张老师给我们的 PPT 制作培训材料，更加明确了 PPT 的制作要求。利用假期，我不断地给自己充电，希望能有所进步。

假期回来之后，学校进行了为期 3 天的期中考试。由于未安排实习教师监考，难得放松几天。

月考之后，我协助其他老师批阅试卷。期中考试采用的是网上阅卷，同一道题目由两位老师同时批阅，当两位老师的评分差距较大时，需要进行三评，三评的分数与前两评中最接近的分数取平均值作为学生的最终成绩。通过阅卷我发现，网上阅卷对卷面要求很高。许多同学卷面潦草、字体过小不清晰或者过大写不完整都会影响评分；还有很多同学错别字过多，导致失分严重；有的同学是因为要点不明确导致失分；还有的同学答题超出了作答区域。这些都是非知识性问题，稍加注意是可以避免的。此外，我还发现，学生的答案过于口语化，不能很好地运用地理术语回答问题，大题中读图题的得分率较低。所以，在今后的教学过程中我们要注意培养学生规范答题的能力，尽量避免这些情况的发生。

通过阅卷，我更加了解学生的答题情况和网上阅卷的标准。网上阅卷对学生的书写和卷面提出了更高的要求，需要引起学生的高度重视，也需要我们老师不断地提醒和监督。

指导老师评语：

八周听起来是一段很长的时间，这段时间你已经从一个懵懂的大学生成长为一名可以独当一面的教师。希望你再接再厉，勇攀高峰。

2.31 考后见分晓

王伟鸿

月考过后，通过集体阅卷我发现同学们对知识的掌握程度参差不齐，成绩悬殊。由于地理试卷印刷的时候缺少 3 道大题，所以满分只有 61 分，其中 6 班学生的最高分为 56.5 分，而最低分只有 28 分。通过观察不难发现，成绩和听课的认真程度成正比，成绩好的同学往往是听课较为认真的同学。而成绩最差的那位同学，给我留下了深刻的印象。每次上课她都在睡觉，班主任都对她束手无策。通过与她交流，得知她晚上熬夜，白天早起实在很困。我们一起探讨了学习方法和学习效率的问题，其实熬夜并不能有效地提高成绩，相反只会降低学习效率。学习的努力程度不在于熬了多少夜、学了多长时间，而在于掌握了多少知识。我告诉她要休息好，上课打起精神，认真听讲才是高中学习最重要的。

学生的试卷答案也让人哭笑不得："河北省是我国人口第一大国。""河流上流、河流下流。""从山东去北京什么交通方式成本最低——徒步。"这可以说是所谓的马虎，但在我看来这还是学习态度的反映。当学习态度足够端正，思想意识高度集中，马虎发生的概率极低。此外，通过分析试卷，我发现学生对地质构造这部分内容掌握得不够牢固。这部分是重点也是难点，需要学生通过不断做题进行复习巩固。

考试是对学习成果的检验，通过考试，能发现学生存在的一些问题。只有帮助学生发现问题并解决问题，学生才能真正地成长。

指导老师评语：

试卷上体现的是现象，背后的原因需要我们多加关注。每天上课睡觉的学生可以说是典型的问题少年，她在生活规划上的懈怠造成了她在很多关键点难以获得有效的信息，这样她的信息源将会越来越单一，直到某个点无法支撑她继续前进。希望你与她的交谈可以让她有所改变，唤醒她那睡不醒、叫不醒的浑浑噩噩的人生状态。

2.32　讲解中的新知

吕世轩

之前一直认为任课老师是比较轻松的，可在第十周，年级授课进行到难度最大的章节时，我深刻地体会到授课原来并没有想象中那么轻松。

这周高考班的课程进行到了《地球自转的意义》这一节。这节的难度非常大，主要以计算题为主，并且需要学生参考的地图形式多样，这对他们的地理思维是极大的考验。因此，学生需要花费大量时间来完成这部分的题目。但是对大多数同学来说，练习册上的很多题目即使是看答案也无法理解，所以他们倾向于向老师寻求帮助。但是很多在职教师晚上并不在学校，这个工作自然而然就落到了我们四位实习生的头上。大部分学生会在晚自习的最后时间来请教问题，因而这个时间段是我们最忙的时候。记得周三晚上，办公室被围得水泄不通。这周的办公室教学也让我深刻体会到，高中教师其实是一个十分需要经验的工作。学生拿来一道新题，老师要在短时间内找到解题思路并得出最终答案，这需要经过长时间的积累才能做到。还记得周一晚上，很多学生拿着题目来询问我，当我看到他们拿着我没有做过的题目时我心里十分慌张，生怕给他们讲错了或者讲不出来。起初我拿到题目之后不知道从哪里下手，只能一点点摸索，让他们先回班里上自习，等自己看完之后再去班里给他们讲。但随着来问题的同学越来越多，题目的重合度越来越高，我慢慢发现，即使这些题目我们没有讲过，但给学生讲解的次数多了，解题思路自然也就清晰了。

给学生讲题时，我总是不禁思考，我们让学生做这些题目的意义究竟是什么？为什么要出一些这样的题目？很多题目，晦涩难懂，纯粹为了难度而设计。比如，有个题目说母亲坐着船在太平洋生孩子，第一天生的孩子是妹妹，第2天生的孩子是姐姐，并要求推算姐妹的具体出生日期（此处省略诸多详细信息）。这样的题目即使是老师也很难一下子想明白，这是为什么？我认为是因为题目本身脱离了实际。既然如此，我们为什么不能花更多的时间去教学生更有实际意义的知识呢？所以在我的课堂上，我会尽量多给学生讲述一些实际案例，让学生了解什么是地理，什么是地理需要研究的，地理学为我们人类做出了哪些贡献。

希望有一天我们的教育能有所改变。

指导老师评语：

学习的目的是让我们得到提升，提高认识自己和世界的能力。脱离实际的出题方式很难在现实生活中有所用途，只会让学生的思维更加背离生活的轨道，非常不利于学生健全人格的养成和长远的发展。这大概就是教育内卷的一种体现吧。

2.33 浅论课程开发
翟天泽

前段时间我们四个人一起完成了一份关于环境保护的校本课程，针对淄博市的环境污染问题设计了十个课题，制作了 PPT 和 Word，对校本课程也有一点自己的思考。

首先，要搞清楚校本课程的地位。在我国，基础教育课程实行国家、地方、学校三级课程管理制度。三者不是简单的并列关系，而是指导与被指导、补充与被补充的关系：国家课程规定了具有普适性的教学内容，并渗透"立德树人"的各种价值内涵；地方课程和校本课程遵循"因地制宜""因校制宜"的原则，有自主性、灵活性，但不能越过国家课程的边界。

其次，校本课程的开发要有依据。随着社会对教育的期望和要求日益提高，以及国家政策的支持，校本课程开发在教育界掀起了一股热潮。那么，是不是做好领导要求的PPT、提交好材料，留好开展过校本课程的照片就能做好校本课程的开发？其实并非如此，就校本课程开发而言，我们首先要关注的就是此次校本课程开发是否具有合理性。

通过查阅有关校本课程的相关资料，我对校本课程有了更深入的认识。据专家解释：一、在一所学校里，课程的开发需要系统整体的视角。就我们设计的环境保护系列的校本课程，其整体性就体现在我们涉及了高中地理所提到的五大圈层，提高了学生的综合性认知；二、广义上来说，在学校开展的课程都可以称为校本课程。然而，以国家课程为统领时，校本课程就只能在狭义上称为具有学校特色的课程。对淄博一中而言，淄博的环境污染就是当地校本课程的特色，因此我们要在课程中融入区域性的概念和相关知识，让学生形成区域的尺度观念。

第三，要注意课程活动化。《基础教育课程改革纲要（试行）》在"基础教育课程改革的具体目标"一小节里谈到，要"改变课程内容'繁、难、偏、旧'和过于注重书本知识的现状，加强课程内容与学生生活以及现代社会科技发展的联系，关注学生的学习兴趣和经验，精选终身学习必备的基础知识和技能"。目前山东省已经有一些学校开始倡导项目化教学。什么是项目化教学？它重点关注由知识学习向能力培养迁移、由以教师为中心向以学生为中心迁移、由成绩产出向成果产出迁移。而在实际操作中，课程的活动化教学就是一种行之有效的方式。如在讲解淄博市的大气污染时，能够贯穿《大气圈与大气运动》这一章节的内容，通过一个真实的热水与冷水的活动实验，达到在培养核心素养的基础上，让校本课程回归生活的目的。

校本课程是一个创新，同时也是一个挑战。我们要敢于创新，不畏挑战，勇于做时代的弄潮儿。

指导老师评语：

校本课程的设置对教师的要求极高，既要选取与学生身心发展规律相符合的素材，又要对其深入分析，挖掘其中的特色，进而实现对学生潜力的深层次发掘。希望你们在地球系统科学思维的指导下，对校本课程的底层进行构架，利用多学科融合的思想对校本课程进行编排。

2.34　浅谈教学中的交流与提问
刘玟雨

在海阳四中实习的日子里，我感受到了学生的青春洋溢、热情似火，但同时我也发现了课堂教学中存在的很大问题——"填鸭式"教学。山东省是高考大省，随之而来的便是巨大的考试压力，所以学校教育大都以应试为主。这种教学模式导致学生一直处于被动的学习状态，缺乏自主学习的能力，长此以往不利于学生全面发展。怎样才能改变这种现状，发挥学生的主体性呢？我认为可以从加强课堂上的交流与提问开始。

新课标要求我们要强化课堂交流与讨论。我觉得在课堂讲授过程中只能解决大部分学生的疑难问题，而对于性格内向且学习程度稍差的学生来说课堂提问效果难以达到。所以，我们可以采取学生之间交流的方式。这样有助于学生巩固知识，增强学生的自信心，提高学生学习的积极性。

这样讨论的问题是否有价值，则又成为影响学生课堂主体作用是否顺利发挥的关键。针对这个问题我主要从以下两方面进行解决：一、讨论的问题应是整堂课的重难点；二、讨论问题时应保证全员参与。这样有利于发挥学生的主体性作用，提高课堂效率。

在实际的课堂上，教师很难在短短的 40 分钟内提问到每一位学生，因此我们也要鼓励有疑惑的学生主动提问，并进一步优化学生的问题，教会学生有效提问，促进学生对知识的深入理解。

指导老师评语：

如何在中庸文化背景下对问题进行深入剖析和表达，激发学生的学习兴趣，是我国教育事业发展所面临的重要难题。希望我们的教师多关注学生培养的本质，而不是停留在取得不错的分数这个肤浅的层面。

2.35　尊重差异，长善救失

蔡依霏

本周我听了于宝娥老师关于心理教育方面的讲座，令我印象深刻。于老师让每位老师都拿出一张白纸，对折，撕去右上角，再对折撕去左上角，最后对折撕去中间部分，再展开来，我们所有老师得到的形状都不一样。推及教育，教师在教学的过程中，发出去的口令，对于不同的学生来说，理解的程度和达到的效果也会不同，所以教师不能总以自己的眼光看问题，也要站在学生的角度看问题。于老师让在座的老师用心体会："如果把这个作品当成你的孩子，你有什么感悟？"其实这个问题没有固定的答案，不一样的人有不一样的感悟。每一个作品都有自己的特色，每一个孩子都有自己独特的闪光点。这就是于老师所说的："你就是你，夜空中不一样的烟火。"

每个学生都是不一样的，每个学生都有自己的个性。教师首先要爱学生，其次要尊重学生的差异性，帮助学生长善救失，发现自己身上的闪光点，积极向上地成长。

正如这堂心理教育课中所渗透的，当今社会判断一个人是否健康已经不仅仅局限于身体的健康，更重要的是要心理健康。一个人拥有良好而持续的心理状态，有生命的活力、积极的情感体验、良好的社会适应能力，并能有效地发挥个人的潜能和社会功能更是一个人心理健康的表现。所以教师在关注学生日常生活的过程中，也要时刻关注学生的心理健康。中学生尤其是高中生，面对巨大的学习压力，可能会出现厌学、学习效率低、考试焦虑等学习问题。因此不管是学校还是教师都需要对学生进行积极的心理健康教育，提高学生的心理素质，充分开发学生的潜能，培养学生乐观向上的生活态度，促进学生人格的健全发展。作为教师，可以帮助学生在学习生活中享受解决困难所带来的乐趣，调整学习的心态，正确对待自己的学习成绩，克服厌学心理，体验学习带来的喜悦。

五月已经过去，我要收拾行囊，在六月的旅途中起航。

指导老师评语：

每个学生都是独特的，所以让学生保持个性的同时提升创造力，是一个非常具有挑战性的工作。我们需要将正确的学习方法教给学生，而不是简单地让学生知道一道题如何解答。我们需要花大量的时间把问题背后的逻辑理清楚，然后再慢慢引导学生。教育这件事急不得，需要给学生足够的耐心，不能揠苗助长。

2.36　家庭对学生教育产生的影响

吕世轩

人们常说，家庭教育是一切教育的基础，是孩子成长的基石，影响深远。但是这种影响究竟体现在什么地方，如何体现的，其实很多时候我们都模棱两可。

借这次做实习报告的机会，我仔细地探究了一下学生的家庭情况与父母的婚姻状况对他们选择科目和成绩的影响，结果相当有趣。我发现，整个淄博一中 2018 级前 50 名学生，他们都拥有幸福的原生家庭。接着，我又看了看家庭对于选科的影响，我发现父母离异的家庭，学生更倾向于选择生物、历史和政治。从父母的工作来看，结果更有意思。父母是教育工作者的更多倾向于选择物理；父母是医疗工作者的更多倾向于选择生物；父母是公务员的选择政治的比例较高；而父母是自由职业者的，学生更倾向于选择偏文的学科。所以从这两方面来看，家庭对学生的影响确实很大。

和班里的很多学生聊天也发现，很多家庭条件好的学生确实更有见识、更有主见。所以我总在想，身为老师我们到底能为学生做些什么？其实，只要我们对学生多一点关心和引导，可能就会改变学生的一生。这并不是空话。就拿我自己来说，大学期间非常幸运遇到了现在的导师，可以说导师对我的影响绝不仅仅体现在学术上。本来进大学之前想着考个好成绩就行，为以后找工作做准备，结果没想到现在我成了全学院除我舍友之外最"卷"的人。

通过我自己的经历，我想让我的学生知道，唯有自己努力，才能改变现状。

指导老师评语：

家庭对孩子的影响是最为深远的，孩子从父母身上感受爱的力量，从父母的言行中体会实践的法则。因此，做父母的要言传身教，做好榜样，为孩子营造健康的家庭环境。而作为教师，发现学生出现问题，要及时纠正，对事不对人，引导学生树立正确的人生观、世界观、价值观，懂得奋斗的意义。要想做一名好老师，我们要做的事还很多。

2.37　累并快乐着
刘佳音

我现在上课一般都会在课后走到学生中间去，问他们是否听得懂，有什么疑问，有没有什么意见和建议。他们基本上都说听得懂，只是讲得有点太多了，应该先讲课本大纲再解释细节。因此，下次上课我尽量先通俗地讲一遍大纲再慢慢解释。

首先，我先写好教案，然后与刘老师一起讨论，让刘老师先听一遍，给我提提意见和建议；其次，在睡前、去办公室的路上或是上课前 5 分钟，我都会在脑子里回顾一下上课的基本步骤、教学目标、教学重难点。上完课，我也会与刘老师以及其他实习生交流，请他们给我评价。回宿舍的路上，我也会反思今天的教学情况以及与学生的相处情况。回到宿舍写反思日志，总结一天的情况，反思自己课堂上做得好的地方以及不足之处并想出解决办法，提醒自己下次上课时不要再犯同样的错误。

当然，我也经常去听其他组员的课，将自己的课与他们的课进行比较，找出值得学习借鉴的地方。此外，我还参加了地理组的集体备课活动。在备课中我也积极发表自己的一些想法，有些想法还得到了刘老师的认可和采纳。在与老师们的交流中，有时也会产生分歧，这时我就会仔细地分析原因，剖析老师的观点，然后尽量把两者的精华相结合。

每天早出晚归，批改作业、备课、看晚自习、辅导作业，这就是我们真实的实习生活，很辛苦，大家都说我瘦了。可是辛苦归辛苦，还是有人愿意为这份工作废寝忘食，这又是为什么呢？因为教师是太阳底下最光辉的职业之一，这份工作带给我们的快乐远远大于它的辛苦。看着学生能够灵活地运用我们所教授的知识，心中的成就感油然而生；听到学生真诚的"老师好"，看见他们一张张灿烂的笑脸，我所有的疲惫好像都消失了。

指导老师评语：

三百六十行，行行都不轻松，但是我们对待工作态度的不同就会有截然不同的效果。精心准备，将自己的热情和爱心投入工作中，发自内心地为职业负责，这个过程也是实现自我价值的过程。

2.38　如何有效惩戒
张志洁

我和刘老师加班加点改完了这周的期中"双过关"的卷子。

大部分同学没有重复以前的错误，但还是有个别同学犯重复的错误，令我大为恼火。给他们再次纠正后，跟他们讲不能再犯第三次，不然就得接受惩罚。经过实践，我发现口头批评警告是一种效率极低的惩戒方式，特别是当老师威信不够的时候，效果很一般。那么，教师应该如何有效地惩戒学生呢？

首先，一定要明确惩戒的目的。惩戒学生，是为了帮助学生认识错误、改正错误、获得进步，惩戒本身不是目的。此外，一定不能损害学生的身心健康，即不伤害学生身体，不侮辱学生人格。

其次，一定要注意惩戒规则的制定，切忌随意惩戒、惩戒不公正。此外，惩戒还应该公开透明，除了学生清楚规则之外，家长也应该知晓，以便家校联合共同监督学生。还要认识到惩戒是一轮教育的终点，也是新一轮教育的起点。教育的流程应该是先提醒、再警告、最后惩戒，教育贯穿全程。不是只要学生违纪，就一定要受到惩罚。

再次，不得已惩戒了学生之后，要有配套的教育措施，包括谈话、激励、心理疏导、情绪安抚、制定改进措施、改正后的奖励等。这样可以发挥惩戒的最大作用。

指导老师评语：

恩威并施是个很不错的教育手段，该严厉对待学生的时候就要严厉。重复出现的问题有可能是学生没有听懂，也有可能是因为压根没听，多加督促，引起学生对学习的重视，让他们积极主动地去学习，从而学会自主学习。

2.39 教育发展不平衡的思考
武玲玲

这两天参加的教研活动给我的冲击是前所未有的，尤其是不同中学学生表现的差异，带给我巨大的震撼。

周五，我和焦老师去乡镇上一所中学参加教研活动。这次教研活动，焦老师也是执教老师之一。平时焦老师上课，轻松自如，游刃有余，但是，在这所学校，我明显感受到焦老师给这些学生上课很吃力。焦老师是第一次接触这些学生，在上课之前，就跟学生互动，努力拉近与学生的距离。上课时，焦老师设计了很多师生互动和生生互动的环节，但是整个课堂，只有一两个学生主动举手回答问题。在小组讨论环节，这些学生几乎没有小组讨论的意识。课下，焦老师简单地和学生交流了几句，发现他们上课时都很紧张，很难应对这种公开课。还有一位老师说，课堂上有不拿课本的，有不拿笔的，还有知识点记不全的，课堂很难正常推进。

同样是公开课，周六在振华实验学校，学生的表现却是天差地别。上课时学生朝气蓬勃，十分配合老师，学习积极性很高。在上台展示环节，几乎没有怯场的学生，一个个自信大方，都很愿意展现自己。即使出错了，他们也不会害羞，而是积极改正，接受老师和同学的指导。给他们授课的老师都说，很幸运遇到这群优秀的学生，才让课堂进行得如此顺利。

到底是什么原因让不同地区的学生产生如此大的差异？是师资力量、学生自身、家庭教育、对教育的重视程度还是教育模式？怎样才能缩小这样的差距？怎样才能让学生参与课堂？怎样才能调动学生的学习积极性？怎样才算是因材施教？我们所设计的课堂环节真的做到了以学生为中心吗？乡镇上没有优异的学生吗？有，但很少。乡镇的经济条件确实落后于城市，这是教育资源和教育力量不均衡的根源所在，国家也一直在想办法改变这种现状，但是这不是单靠某一方面努力就能解决的。未来需要我们共同努力。

指导老师评语：

教育是一个系统工程，家庭、学校、社会任何一个方面都缺一不可。然而对很多乡镇学生来说，家庭教育容易被忽视，加之乡镇教育条件有限，学生教育很难获得连续性的效益。

2.40　关于教材的思考
翟天泽

这周我与其他学校实习的同学交流心得，意外地发现我们使用的教材竟然不一样，于是我去询问老师不同教材的差异，同时这也不由得让我对高中教材的重要性产生了一些思考。

一直以来，我认为教材是知识传承的工具，是学校教学的基础，因此，担负着神圣的使命。作为一个理科生，无人不知生物课本必须要看到犄角旮旯才能看到考点，你以为超纲的题目总能在下一次翻书时在某个不起眼的知识窗发现。高考前1个月，老师就不会再让学生刷题，而是回归课本，从定理和公式中挖掘课程标准要考查的内容。课本带给我们的不只是知识，还有素质。高中时期，老师经常把知识点编成口诀让我们记，虽然口诀早已忘记，但是我们对当年学习中遇到的困难和解决过程却记忆深刻。其实这就是素质。克服困难可获得的素质数不胜数，比如研究板块漂移时你拥有了大胆假设的素质；学习农业区位论时你拥有了细心求证的素质；阅读地质历史的变迁后你拥有了理性怀疑的素质……

为什么已经有教材，学生还要买大量的教辅材料呢？答案是因为教材讲的是公式，而高考考查的是公式的应用、对知识的理解，辅导教材里的知识框架、针对性的训练则把学生送上了"高铁"。为了不掉队，大家都开始使用教辅材料。可是当教辅材料一股脑地把答案都罗列出来让学生背时，学生还有自己的思考吗？

面对课本地位下降，教辅材料升级，教材是否正在沦为高考的附庸？究竟是以课本为依托进行高考，还是为了高考改课本？在我看来，既然课标要求培养的是具有地理素养的公民，那就不能以做题为目的来学习课本。解决的方法个人认为要从高考考查的内容进行改变，只有更注重分析能力，大家才会去挖掘课本上最原始的知识。

作为一名地理教师，我也要加强研究，探究方法，思考如何才能培养学生对地理的认知。

指导老师评语：

教师通过有形的载体，更好地教给学生看待问题的态度、解决问题的方法以及应对突变的政策，是教育活动的重要环节。善于发现教育中的不一样，积极思考，努力实践，你的学生也会因你而不同。

2.41　游学识英雄

翟天泽

虽然实习地是我的家乡，但是我从来没有仔细游览过，也从未站在地理老师的角度去逛一下淄博市的自然风光。但是这次，在游览的过程中，我一直在拍照，为下周的自然地理搜集素材。我突然意识到，作为一名地理老师，我眼中的景点又有了不一样的含义和作用。

在原山石海，我根据简介和实地的景点认真地了解了石海的形成；在齐山，我对流水侵蚀又有了更直观地了解。面对各种地理现象，我不禁会想，能否和地理教材的内容联系在一起？在我们周围切实地发掘一些案例，能帮助学生加深对一些概念的理解。这让我有了一种作为一名地理老师的责任感。首先，地理老师要走出去，开阔眼界。"纸上得来终觉浅，绝知此事要躬行。"要想组织好一堂新颖有趣的地理课，教师必须要亲身实践，勇于探索。教师在进行情景或者案例教学的过程中，可开阔视野，加深对地理环境的认识、对新课程理念的理解，锻炼将地理教学资源与教材知识整合的能力，建立更适合学生年龄和个性特点的认知体系，有利于实现从教学型教师到研究型教师的转变。其次，学生也要走出去，走出去才能深入理解知识。

随着中小学素质教育的不断深入，国家教育部门对中小学研学旅行也越来越重视，研学旅行工作也在持续发展，各大研学机构如雨后春笋般诞生，景点也纷纷与学校展开合作，构建地理课堂实景化。"学习对生活有用的地理"是义务教育《地理课程标准》的基本理念之一，也是培养核心素养中的地理实践力。地理实践力需要在地理实践的过程中不断完善，教师应根据学生的最近发展区，不断设置合适的课程，完善学生潜在的实践能力。研学旅行是这种课程最好的载体，从学生身边的事物学起，由已知到未知，符合学生知识的最近发展区。目前高考题目情境的设置更加新颖，问题更加贴近解决社会实际问题，设问更加巧妙，脱离生活的学生解决不了高考题目。研学旅行将学生转移到大自然这个最大的教室之中，在大自然中"从做中学"，呈现出更加生活化的学习内容，使理论与实际的结合更加紧密。

但是总体来说，地理成绩和出去旅游要从部分和整体这个辩证关系来看。从部分的角度来说，地理成绩既基于学生的知识储备，又考验学生的应试能力。许多初高中生家里经济条件不是很宽裕，没有条件出去旅游，但地理却能考很好，这是很正常且普遍的现象。当然，这也与高考考查的角度有关系。从整体来看，获取知识最好的方法就是亲自去体会。这种方法获取的知识是终生难忘的。

指导老师评语：

这是一次非常好的实践，将自己收集的素材用于课堂教学更加具有说服力。你的付出和良苦用心学生一定体会得到。

2.42　对教学法与教学模式的思考

翟天泽

高考和端午放假，学校没有教学任务，难得有闲暇时间，于是我对大学一直强调的教学法和高中实际应用的教学模式进行了思考。

从国家层面讲，教育已经步入3.0时代，从双基模式（基础知识、基础技能）到三维目标（知识与技能、过程与方法、情感态度价值观）再到今天的核心素养，以至于在准备比赛课程的时候，课程本质是建构主义还是行为主义成了一个重要的问题。选取既符合课程内容又渗透国情、价值观或正确的唯物观的案例，情境导入贯穿始终，老师成为一连串问题的发出者，学生在不断回答老师提出的问题链中思考、探索、纠正，从而对知识形成自己的建构，这一切的处理方式都在向核心素养的培养不断靠近。虽然我们在大学老师的指导下将课程设计成"作品"去参赛，可是在紧张的一线教学中，有几个老师会如此上课呢？

对于一线的老师来讲，三年的时间看似很长，足以让他们站在引导者的角度去帮助学生构建地理观。事实却是，他们要用一年半的时间，两倍速完成课程内容，为会考和高考留出复习时间。因此他们的课堂没有那么多的案例探究，更多的是讲授、做题。有些老师注意到了素养的培养，他们就会引导学生对问题的逻辑深入探讨，可是教学进度又慢了下来。那根本的矛盾点在哪里呢？我认为在于项目式教学等教学法成功的案例还太少，某中学的机械教学法让更多老师看到了希望。他们不敢放手去实践，又或者说，他们的目标还只是分数，毕竟内在素养的形成与试卷上的答案之间存在偏差，分数是可以通过背和刷题得到一定的提升的。

虽说目前的高考卷子越来越灵活，尤其是地理，再也没有一个大题是"请简答亚洲自然地理环境的特点"了，但是高中的教学模式依旧没变。根本原因是目前的教师团队本身就是应试教育培养出来的，根深蒂固的东西很难改变，所以教学方式的改革力度比较小。目前来讲，00后的教师团队接受的教育，至少大学的师范教育已经有了明显的变化，期望当我们这一批师范生走进中学课堂的时候，能大胆地把课堂交给学生，践行所学的教学法，把培养学生的目标看得更长远一点，改变我们一直嗤之以鼻的背诵教学法。

指导老师评语：
如何更好地贯彻实施理性的教育理念，需要我们走的路还很长。

2.43　问题少年就该被抛弃吗?
刘玫琪

今天3班班主任跟我说,不要再让小任同学搬着凳子到前面学习了,有前排同学说这样会影响到他学习。如果他执意要到前排听课,那就让他坐到讲桌旁,自己一桌。这位小任同学,学习成绩确实非常糟糕,地理月考只考了8分,而且上课态度也极不认真。之前在办公室,还看到过小任同学欺负其他同学被发现不服崔老师管教的一幕。

崔老师在办公室与其他老师谈起小任同学时,非常无奈。小任同学曾将其他同学打伤,崔老师联系其家长解决这件事时,任同学的爸爸情绪激动地说:"不要找我,要老师是干什么用的?"崔老师试图让任爸爸换位思考,假设是小任同学被欺负,这件事该怎么解决?任爸爸说出了更离谱的话:"谁敢打我儿子?谁打我儿子,我揍死他。"崔老师认为,小任同学的家庭教育存在很大的问题,家长的错误认识已经根深蒂固,对孩子的成长造成了很大的负面影响。老师耗费大量精力对小任同学进行教育,但是收效甚微,因此难免会忽视他。但是我觉得,每个孩子都是值得被爱的。小任同学能够搬着凳子,从最后一排坐到前排听课,哪怕上课时做不到全神贯注,但是他的内心至少已经有了"我想来听地理课"的学习态度。课上练习时,因为基础差,对于小任同学来说题目有些难度,但是通过引导,他不仅能明白这些题,而且还能认真地回答老师的问题。所以,哪怕小任同学坐在前排听课会让课堂管理难度有所增加,我也愿意他来讲台前听课。

我觉得在教育中,不应该把"问题孩子"的"问题"放大,这样对"问题孩子"不公平。每个学生都有适合他的教育方法,虽然个别学生的教育可能需要花费较大的精力,但是这是教师的职责所在。每个孩子都不应该被放弃。这需要我们教师不断探索教育方法,真正做到因材施教。

指导老师评语:

培养学生是个系统工程,每个环节都需要紧密配合,尤其是对所谓的

"问题"少年。"问题"少年的产生有多方面的因素，因此，作为老师，应追本溯源，查找"问题"的根本原因，然后对症下药，解决"问题"。

2.44 如何实现家校共育？

蔡依霏

新的一周天气不算太好，倏尔狂风大作，倏尔雨过天晴。周一徐老师和宋老师没有课，我也在办公室忙自己的事情。任老师班有两个男生因为相互开了几句玩笑而打架，被任老师叫到办公室谈话。男生之间开玩笑没轻没重是常事，再加上这两个男生又有点冲动，喜欢用武力解决问题，所以就造成了这次的冲突。整个过程任老师努力让这两位男生保持冷静，客观分析彼此的对错，让他们明白了各自的错误。

虽然任老师严厉地批评了他们，但是仍然不忘关心他们的伤势，还询问他们是否需要去医院检查。班主任作为一个班级的组织者、领导者和教育者，全面负责学生的思想、学习、健康和生活等。在办公室，我感觉任老师每天都会处理班级的各种大小事宜，每天都会接到无数家长打来的电话。班主任看似只是负责班级管理，实际上工作量远比我们想象的要大太多。

周三那天，任老师班里有几个男生闹矛盾，甚至还动了手，伤到同学，其中两个男生因为严重违反校规校纪，已经留校察看了。任老师苦口婆心地为他们做思想工作，帮助他们调解，同时也一直在与家长沟通，希望可以尽快妥善解决这件事。但是让我吃惊的是，其中一个学生的家长态度冷漠，他觉得学生之间打架是班主任的错，他的孩子受处分也是班主任故意所为。这不禁令人感到心寒。家长不但不配合班主任工作，甚至还责怪班主任，这让班主任在学生的管理上处于两难的境地。教育的指挥棒应该交到谁的手中？难道只有教师能够教育学生？家长是孩子的第一任老师，我觉得在今后的教育中强调家校携手是非常有必要的，家校共育才能更好地促进学生的成长。

如何实现家校共育？首先，让家长配合老师、学校的工作非常重要。学校与学生家长及时沟通、交流，发现学生的问题，共同解决。

指导老师评语：

家校共育有利于培养学生养成良好的行为习惯，促其健康成长。尤其是中学时期，更需要老师和家长及时发现学生存在的问题并进行疏导，引导学生健康成长。仅仅在金钱和物质上对孩子进行教育支持，缺乏对孩子足够的陪伴，这在孩子的成长和培养中就是"买椟还珠"。

2.45 如何转化偏科生
刘玫琪

今天，我在录入成绩的时候，突然发现在第二考场的小江同学地理成绩居然和最后一个考场的同学差不多，我大吃一惊。因为考场是根据考试成绩安排的，我之前只知道小江同学的地理成绩不太理想，但是没注意到他在第二考场考试。这样的地理成绩，对小江来说无疑是非常拖后腿的。

对于这类总成绩较好，但是偏科严重的学生，我觉得应该先与学生沟通，了解他地理成绩不理想的原因，然后根据学生的自我归因，设定应对策略，激发学生对地理的学习兴趣。地理偏科生的特点之一就是对学习地理无兴趣、无信心。因此，我们要因势利导，帮助他们培养学习兴趣，树立信心。在课堂上，力求理论与实际相结合，以实际事例引出理论知识，让学生更具体、更感性地理解理论知识，从而激起学生的学习兴趣。俗话说："兴趣是最好的老师。"有了兴趣，有了信心，他们就会主动学、认真学、想办法学。

在日常教学中，可以加强对小江同学的关注，多提问。由于偏科学生基础较差，知识掌握程度偏低，因此，在教学过程中我们应特别注重基础知识的传授，力求把每一个知识点都讲透，让学生能听懂。如果学生仍有疑问，一定要耐心讲解，也可以尝试不同的解题方式进行讲解，不可一味地指责学生。要让学生一点点地掌握看起来晦涩难懂的地理知识，通过掌握地理知识获得满足感，重拾学习地理的信心。

讲课时，要做到图文并茂、以图示文。地理偏科生基础较差，理解力也较差，教师可以通过布置课后作业，让学生动手画图加深印象，这样更易于学生理解知识点。

除了要激发学生学习地理的兴趣，更重要的是要教会学生学习地理的方法，通过学生的自我实践与教师对学生的了解，帮助学生找到适合他的学习方法。

我将在之后的任教中，针对地理偏科生做出一些努力，努力让他们在地理学习中找到学习的乐趣和价值。

指导老师评语：

我们不要求所有学生都喜欢我们的课程，但是我们希望传递给学生感知世界和发现美好的能力，激发学生学习的兴趣。如何转化偏科生，如何让我们的课程更加有质感，让学生从中得到启发，激发学生自我学习的驱动力，帮助学生寻求更美好的人生，是我们为人师者需要不断奋斗的目标。

2.46 大学之道
翟天泽

为了能帮助学生更好地明确学习的本质，以积极的态度面对自己的高中生活，我与班级的一部分同学进行了一次谈心聊天活动。面对在学习上积极性比较差的同学，我试图用再不努力就考不上大学来劝告他们，可是当他们反问我上大学有何用的时候，我的第一反应是可以找个好工作，可是下一秒又觉得有些肤浅，于是我思考了一下上大学究竟是为了什么。

大学之道，在明明德，在亲民，在止于至善。在我看来，上大学首先是形成自己的格局，也就是做人的框架。按照俗语来说就是形成"四梁八柱"。如果说能力左右了我们发展的基础，那格局就是在此地基上看我们能筑起多高的建筑。但是格局的大小并不是由志向的大小决定的，即使是再小的事情，只要有使命感，也是具有格局的一种体现。我从小的梦想就是当一名老师，家长总是说女孩子当个老师就挺好的，一位好老师，是可以影响学生一生的。

所以我想，所谓大学的意义，就是可以在当下找寻未来生活的底气。面对不断发展的社会，竞争压力越来越大，我们需要不断强大自己，不被周围的事和物所左右。要做到这点并不容易，这需要我们不断去经历，去获得丰富的阅历。比如说有空多出去走走，吃遍周围的美食；去有意思的地方旅行，适当地放松；去图书馆看几本好书，丰盈自己的内心；参加几场讲座，听一听专家的见解，开阔自己的眼界；加入几个社团，与大家一起办几场活动；多参加一些聚餐，多与同事交流；多和同学接触，常联系；谈一场恋爱……总之就是多认识一些人，多经历一些事，丰富自己的内心世界，开阔自己的眼界。

上大学的理由有很多，这是我觉得除了学术以外最重要的几点，也希望自己在最后一年能做到。

指导老师评语：

上大学的意义是什么？这个问题太好了。上大学就是为了让你的人生多一些选择的机会，不然你连选择生活的资格都没有。一所好大学就是一个好平台，有助于我们深入地思考和规划自己的未来。如果我们在大学期间没有很好地把握学习的时间，没有珍惜向他人学习的机会，错失了全面提升自我的良机，那么在求职过程中很难面对激烈的竞争。

2.47 教育的本质是什么？

吕世轩

教育的本质是什么？这是我从实习之初至今一直在思考的一个问题。教育实习已经过半，在这期间和不少学生打过交道，也发现不少问题。

先从成绩较好的同学来说。坦白讲，这部分学生在待人接物等方面做得普遍不如成绩中游甚至暂时落后的同学。我从四月初就担任高一重点班的地理老师，这个班的学生成绩都是级部前40名，可以说相当优秀。但就是这些在老师和家长眼中十分优秀的学生，他们中的很多学生却很没有礼貌。最令人感到不舒服的是，他们和我迎面碰上时我主动和他们打招呼，却没几个人理睬我，这让我感觉不可思议。虽然我只是一个实习老师，但即使是一个普通人和你打招呼，也不至于不搭理或者视而不见吧。这不得不令人深思。我觉得，无论何时何地，首先要让自己成为一个有教养的人。

第二个发现就是，有主见的学生并不都是学习好的学生。我接触过很多学生，但我最喜欢的一个学生并不是他们班成绩最好的，而是一个十分调皮的学生。他很有想法，他很清楚自己今后要走出博山这个小县城，走到更广阔的天地。也许是他初中没有养成良好的学习习惯，导致他成绩始终提不上去。自从发现他这个问题之后，我便主动跟他沟通交流，并且要求他每天坚持背50个单词。终于，这次期中考试他的成绩有了大幅度的提高。看到他距离自己的目标又近了一步，我十分欣慰。反观我们班有些学习成绩很优秀的学生，他们并没有十分清晰的目标，只是一味地去提高自己的成绩，而当你问他们为什么要这么做时，他们似乎并没有一个准确的答案。这也说明他们没有清晰的目标。这是非常可怕的。学习的最终目的并不是让人更加愚昧，而是让人更加睿智。我想，这才是教育的本质。

通过这50天的实习，也让我明白，成绩固然重要，但是学生也是人，他们有自己的想法，要在大方向正确的基础上引导他们实现自己的目标和价值，这才是教育的目的。

指导老师评语：

一个人的修养与成绩关系不大，甚至没有关系。学生这些不良习惯的背后有一个不擅长教育的父母，父母的引导作用是学生成长的起点。父母作为学生的人生启蒙导师会影响孩子的一生，这个环节出了问题，后期很难实现太大的转变，除非父母发自内心地认识到这个问题的严重性并身体力行地为孩子做出改变，孩子因父母的改变进而实现自己的提升。除此之外也有文化的影响，有些人只是学习了孔孟文化的皮囊，对其精髓并无追求。

第 3 章

耳提面命
——我与学生面对面

如何做好学生的指路人？如何传道授业解惑？在与学生相处的过程中，我渐渐有了答案。

3.1 播撒希望的种子
范子语

本周教学活动一切正常，但有一件事令我印象深刻，感触良多。

周一收周末作业的时候，我在课代表写给我的未交作业名单上又看到几个熟悉的名字。这几位同学自开学以来，经常完不成课后作业，课堂上也不认真听讲，学习热情也不高，如果继续放任，不利于这几位同学的学习。利用课下时间，我一一找这几位同学在办公室敞开心扉地谈了谈。从交谈中，我能感受到这几位同学都比较敏感、自卑，在外界的影响和自我的心理暗示下，他们对自己的能力产生了怀疑，所以他们选择放任自我，不去努力。了解了他们的心理状态后我对症下药，让他们相信自己并没有那么差。正所谓天道酬勤，每个人都可以通过努力逐渐进步，一点一点变好。我给他们讲了几个关于努力、自信、勤奋的故事，希望可以唤醒他们，使他们重拾信心。我希望能通过这次谈话让他们明白，老师并没有放弃他们，老师相信他们，也希望他们相信自己，发奋努力，用行动证明"我能"。

周二课间操时间，昨天谈话的几位同学来交作业，我感到非常欣慰。周四这天，我又发现了一件让我非常感动的事：周一与我谈话的一位同学在我的课上非常认真，而且开始记笔记了。虽然他写得很慢，但一笔一画,却非常认真。

这几天我发现,之前我找来谈话的几位同学都在往好的方向发展。看到自己的学生主动学习,重获自信,当老师的成就感油然而生。我想,作为教师,就应该尽可能地在每个学生心中播撒希望的种子,给他们希望和力量,助他们长成参天大树。

指导老师评语:

人无完人,我们不能苛求变得完美,但是我们可以在有限的时间内让自己的生活变得更加充实。播撒希望的种子,让学生重获自信,寻找到生活中的灿烂星光,重燃对生活的信心,没有什么比这更重要了。

3.2 忠言逆耳利于行
徐晓倩

本周有四位女同学违反校规校纪,体育课期间在教室打扑克牌。班主任得知这件事很生气,立刻叫这四位同学去办公室谈话,并请了这几位同学的家长来学校。班主任严厉地批评了这四位同学,对她们一顿厉声训斥,四位女生已经眼眶泛泪,连带着坐在办公室的我们也不敢发出声音。班主任见这几位学生纷纷低下头,有悔过的意思,声音缓和下来,开始语重心长地和她们讲道理:我们不应该在该奋斗的年纪选择安逸,在不合适的时间和地点做不合适的事情。班主任表示,教室是学习的地方,不是娱乐的地方,体育课时间偷偷在教室打扑克牌,这首先是个态度问题,没有尊重学校、老师和同学,更是对不起自己;其次,对不起含辛茹苦养育我们的父母。我们的家长在外奔波都很辛苦,我们花着父母的钱,浪费自己的青春和才华,这是对父母最大的辜负和不孝。班主任说完,我看到这四位女生都低着头,脸上挂着眼泪,连声说:"老师,对不起,我们做错了!"这四位女生深深地为自己的行为感到后悔,深刻反省了自己的错误行为,并下定决心,不再辜负父母和老师的期望。我知道,班主任的教育已经起作用了。

过了一会儿,学生家长急匆匆地赶到办公室,与老师沟通了学生最近的情况。看得出来，家长为了学生吃了很多苦：衣着朴素，面容憔悴。作为旁观者的我也不禁感到心酸，不由得想到了我的父母。好在她们已经认识到自己的错误，我相信她们一定能调整心态，好好学习，使生活回到正轨。

"良药苦口利于病，忠言逆耳利于行。"希望学生都能体会到老师的良苦用心，体念父母，发奋学习。

指导老师评语：

老师的谆谆教诲都是他经验和思考的结晶，听取老师的忠告，可以少走很多弯路。有的学生意识到问题的存在便及时改正、及时止损，他的人生因此获得了蜕变。

3.3 校园欺凌零容忍
刘玫琪

本周发生了一件跨年级的欺凌事件。在学校组织的排球练习中，由于低年级同学发球失误，不小心将排球打到了高年级同学的脸上，高年级同学心生不满，训练结束后，欺凌低年级同学。低年级同学的胳膊关节处，留下大片瘀青。

发生欺凌事件后，可能是怕遭到高年级同学的再次报复，低年级同学并没有立即向老师汇报，还是班主任观察细致，及时发现，立即联系两个年级的级部主任和高年级班主任，着手处理这件事。在多位教师的共同调解下，高年级同学认识到了自己的错误，双方达成和解。

但是这件事并没有这么简单地结束。低年级同学回家后，父母非常不满意，来到学校，要求找到打人的学生当面沟通。但是高年级班主任让学生躲了起来，并且告诉校长没有找到人。校长还以为真的没找到，还在做低年级同学父母的思想工作，结果低年级同学的父母自己找到了打人的同学，因此对学校的影响极差。

这件事情的处理，高年级班主任的方法确实欠妥。首先，高年级的学生打低年级的学生，无论出于什么原因，都不对，低年级的学生处于劣势,是被欺凌者。其次,高年级的学生应该反省自己,同时班主任也应该对其进行深刻的思想教育,而不是包庇高年级的学生。高年级班主任的这种包庇行为应该受到学校的严厉批评。

此次事件为我在日后处理类似事件提供了范例。在教学过程中,教师一定要关注到学生身心的细微变化,并及时正确地处理。对于校园欺凌事件要做到零容忍,对涉事学生一定要进行及时的思想引导与教育。

指导老师评语:

校园欺凌一直是一个无法回避的话题,尤其是在偏远地区更为严重。校园欺凌发生时,受欺凌者处于弱势地位,他们往往无力保护自己,如果没有及时正确地处理,将会对受欺凌者以及旁观者的身心发展、学业等方面造成不良影响。我们教师一定要以身作则,对欺凌事件零容忍,平等对待每一个学生。

3.4 每一次经历都是对成长的邀请

武玲玲

这周的实习生活虽然有点忙,但总体来说我感到既充实又快乐。周一、周二跟老师去听课、参加教研活动,周三至周五作为跟班教师和四年级4班的学生一起去圣佛山进行实践活动,周六、周日忙教资面试。如果说听课和教资面试提高了我的专业能力,那么圣佛山的活动则提高了我各方面的综合能力,包括管理学生的能力、随机应变的能力、处理问题的能力等。

刚开始我并不是很想去圣佛山,因为我在初中部实习,并不认识四年级4班的学生和老师,更没去过圣佛山,对我来说所有的一切都是陌生的;另外,作为跟班教师,要对学生的安全负责,时时刻刻"守护"学生;再加上马上就要教资面试了,对我来说,这确实是一个挑战。不过,后来我还是去了。幸好我没有退缩,才有了一次锻炼的机会,使我收获很多。

我和学生几乎形影不离,学生吃饭时我会守在他们旁边,并且我和所有女生住在同一个宿舍。第一天吃晚饭的时候,正值学生游览圣佛山回来，学生早已饿得前胸贴后背，而且晚饭又是他们都喜欢的鱼丸，所以第一个抢到勺子的学生，拿着勺子不停地往自己的碗里舀鱼丸，全然不顾其他同学的感受。等到学生吃完饭回到宿舍，我告诉学生在集体中应该互相帮助，多为他人着想，不能只考虑自己而忽略了他人的感受，大家都喜欢的东西一定要相互分享。这些学生也意识到了自己的问题，第二天吃饭的时候，再也没有出现这种情况。

感谢这次实践活动让我能够和一群这么可爱的孩子一起相处，得到许多锻炼的机会，留下许多美好的回忆。

指导老师评语：

非常好，每次经历都是对成长的邀请。你在与学生的近距离接触中看到了他们身上的优点，也发现了他们的缺点，并且通过行动让他们认识到了问题，及时改正，这让你和学生都得到了成长。读万卷书，行万里路，圣佛山只是你人生路上路过的一座山，后面还有很多山等着你去攀登。前路是充满惊喜的，只要你有敢于探索的心。希望你用自己的努力闯出一片属于自己的新天地！

3.5 莫负少年时
刘玫琪

这周我在同一个班再次强调了学习问题，希望孩子们能明白学习是为自己而学，而不是为老师、为家长而学，未来是掌握在自己手中的。

因为这个班级课堂纪律混乱，所以思想教育比其他班级要多一些。期中考试结束后，我对这个班进行了严肃的思想教育。在此后的教学中，我发现有一位女同学学习态度变得更加端正，做题时也非常认真，还会对题目进行勾画。

我也希望在其他同学身上看到类似的转变，可惜对大部分同学来说，收效甚微。但是我可以理解，毕竟我们也曾有过年少时光，也曾无数次听过老师和家长的劝诫，年少时总觉得未来距离我们太遥远，一味贪图眼前的玩乐，等到自己再大点时，又觉得自己可以为自己做主，完全听不进老师和父母的教导。在成长的路上我们还有很长的路要走，只有善于听取别人有益的建议，才更容易成功。

虽然我在年少时，对长辈的教导、劝诫也没有完全听从，但是在初中时期我渐渐明白了学习的重要性。期间最启发我的莫过于三件事：一是班主任的关心，二是成绩的高低决定了选座位的先后，三是在考试中取得较好成绩时的那种满足感。尽管我当时对学习的意义理解得并不深刻，但是已经有了学习的动力。所以我希望我的学生，哪怕不知道学习的意义，也一定不能停止学习。

学习是为了丰富我们的头脑，让我们成为一个内外兼修且对国家和社会有用的人。对我们大多数人来说，追求幸福生活最快捷的方式便是努力学习。希望学生可以听进去老师的一些劝告，不负时光，发奋学习。

指导老师评语：

我非常认可你对学习意义的看法，希望学生可以通过你的课堂，对自己的学习和生活多一些思考。我们热爱生活，生活便会对我们温柔以待。

3.6　种下尊重的种子

张志洁

期中考试刚过去又要考试，考试名称叫"双过关"。

第一天任务不算繁重，主要是监考，我负责第三考场和第五考场。这里的考场是按照学生的学习成绩安排的，从一到六，成绩靠前的学生考场也靠前。监考完第一场回办公室的路上，有个小男孩问我监考哪一个考场，我说我监考第五考场。那个小男孩是第二考场的，他顺口说道："老师，你怎么不监考我们的考场而去监考那种'渣滓考场'。"我一听这话，眼神立马变得犀利起来。他自知失言，捂住了嘴。我对他说："不可以这么称呼自己的同学，太不尊重人了。"因为下一场考试快开始了，为了不耽误他考试，我也没再多说什么。

他形容成绩不好的同学为"渣滓"，其实我是很伤心的。我希望他们保持对生活、对学习的热情，尊重他人，富有正义感、责任感。我不希望有任何一个小孩因为成绩落后而被老师、被同学孤立、冷落甚至被钉在班级的耻辱柱上。我曾经找过几个学习成绩比较落后的同学谈心，我发现他们都有一个共同的问题——自卑，有的是学习成绩导致的，有的则与家庭有关。因为成绩，对自己、对他人缺乏信任，失去尝试新鲜事物的勇气，也就失去了他们这个年纪最应有的活力。在班级中，他们往往躲在一个角落里，自我封闭，自我孤立。

为了在学生心中种下尊重的种子，上课时，我会经常强调："其他同学说话的时候，保持安静，认真聆听是对他人最基本的尊重。"几节课下来，我觉得效果比之前干巴巴地说"不要说话了，保持安静"要好很多。甚至之后上课时，我一个眼神提醒，正在说话的同学立刻就安静了。同学们开始有意识地遵守纪律，整个课堂秩序好了很多。

尊重，是一种修养、一种品格、一种待人的态度。我希望我的学生能够学会尊重，在别人获取成绩时能不吝惜自己的赞美，在别人某些方面有不足时能收起自己的轻视和嘲笑。一个懂得尊重他人的人，才能成为一个真正的强者。

指导老师评语：

成绩不是判断一个人优秀与否的标准。我们要努力引导学生，教会学生发自内心地对周围的人和事都怀有尊重之心，努力用更加平和的心态对待生活。

3.7 温暖以待，因材施教

吕世轩

实习到现在已经过去 13 个星期，除了刚来和学生不熟之外，几乎每个星期我都会安排一个晚自习的时间与不同的学生聊天，因此才有机会接触到他们的内心世界。

聊了那么久，我发现其实每个学生都是独一无二的，他们都经历着不同的人生，遇到了不同的人，看到过不一样的风景，所以他们的想法自然也不同。然而，我们现在的教育让他们变得同质化，无论是想事情还是解决问题总是寻求一个最佳答案,可是多数情况下问题的答案并非唯一。学生所面临的问题也各不相同,有些成绩好的学生会担忧自己的未来,会在高一就考虑自己要考什么专业,要往哪个方向努力;一些偏中游的学生会担忧自己的成绩上不去,害怕自己就算努力了也是踏步不前;一些成绩暂时落后的学生可能会担心遭到老师和同学的歧视,会担心让父母失望,所以他们丧失了学习兴趣。

给我印象最深的有两位学生,一位是我们班的第一名,另一位是我们班的问题少年。第一名的这位同学看起来就给人一种学霸的感觉,而且天资聪颖,家境良好,自幼博览群书,对于历史、天文、地理的相关知识总能侃侃而谈。但就是这样一个学生,心里却承受着巨大的压力。因为他认为,只有摇滚才能将他从压力中释放出来,这才是他真正的梦想。他曾试图和家中的长辈沟通,得到的结果都是否定的。听完他的想法我觉得并不奇怪,别人无法接受只是因为他给人的形象和他内心的想法反差太大了。就这样,他选择将这个秘密埋在心底,直到遇到我之后他才敢将它再次说出来。其实有时候仔细想一下,这是我们教育的悲哀。我们的教育没有让学生变得多元化,反而禁锢了他们的思想。成功的教育,应该帮助学生发现他们的兴趣,让他们敢于追求内心所向往的生活。

再说那个别人眼中所谓的问题少年。他家境殷实,父母是淄博当地的养猪大户,职业虽然辛苦了些,但收入十分可观。父母前些年为了打拼事业,将他送到博山老家跟随爷爷奶奶生活。遗憾的是,钱虽然赚到了,但父母却错过了孩子身心成长的最佳阶段。缺少父母的陪伴,孩子的心理自然会出现一些小问题。因此从小学到高中,他一直没什么朋友。我给他们当实习班主任之后,他是第一个主动来找我沟通的学生。让我印象深刻的是,他的胳膊上全是被刀子割伤的划痕。我问他是怎么回事儿,他说是因为喝醉后郁闷自己划着玩的。坦白地说,第一次处理这种情况我很担心,毕竟没什么经验,生怕说错了一句话他再做出什么偏激的事。但后来通过慢慢地接触,我发现他身上其实有很多优点等着我们去发掘。可能是性格的原因,他总是将这些优点隐藏起来,把不好的一面展现给别人。所以,在大致摸清楚他的情况之后,我尽力通过每次讲题,不断地对他进行疏导,希望他能融入班集体,感受同学和老师的温暖。与此同时,我也劝说办公室的其他老师对他多加关注，改变之前对他的固有看法。大概过了1个多月，这位学生就像变了一个人似的，不仅成绩提高了，而且人也变得开朗了，能够融入班集体了。更重要的是他遇到琐事后能够看开了，这让我十分欣慰。

十年树木，百年树人。身为老师，我们不应该只抓学习，我们更应该注重学生良好品格和心理素质的培养，使他们能够直面人生。

指导老师评语：

由于人生经历的差异，有些孩子不知道自己喜欢什么，没有兴趣爱好，一度无法辨别自己的方向，对于未来方向的选择更是迷茫，便任由父母为自己包办前程。长此以往学生便失去了自我决策的能力。希望通过你们的努力，让学生体会到独立自主的重要性，懂得为自己的人生谋划，实现自主人生。

3.8 尔之顽童，我之天使

密 华

刚刚接手14班时，一个学生也不认识，我大概有点轻微脸盲，连我的课代表长什么样都不记得，更不知道谁的成绩好，谁的成绩差。

因为是一个新手老师，上课常有停顿，每当此时便急需附和认可，但14班的特点十分突出，就是沉闷，老师站在讲台上，课堂仿佛一个人的独角戏，偶有附和声，刚开始也抓不住。后来熟悉了一阵子，才认识了几个经常附和我的学生，任同学就是其中之一。但那时我并不知道这几个同学的名字，只是记住了他们的声音，记住了那几张脸。后来再上课，我偶有卡壳时便会下意识等待那几个学生附和。可以说，是他们减少了我的尴尬，让最开始的我在一个沉闷的班级里有了几分认同感与归属感。

实习1个月左右，我知道了任同学的名字，也从14班上学期的成绩单上看到了他地理38分，总排名倒数第八名的成绩。14班班主任告诉我："他是一个调皮捣蛋的学生，提起他就发愁。"我说："还好啊，上课很积极，回答问题也很多正确的。"他班主任只是摇摇头。

他也许确实是一个顽皮的学生，但是在我的课上，我看到的是积极认真的他。我知道这与我对他的关注有关，因为每次布置完任务，经过他身边时我总会提点一两句，检查背诵、检查修改时总有他的份，他得到我的信任与重视，也就不想让我失望。一轮复习结束之后，14班进行了一场考试，他得了74分。

7班有个王同学，期中考试之后他们班主任特意叮嘱我不要刺激她，她有些敏感。班主任应该跟每个任课老师都说了，所以我没太在意。既然如此，那就别太关注她好了。但是某节课提问，我叫到的倒数第二个女生，恰好是她，她出色地回答了我的问题。我招手让她坐下，习惯性地夸了她两句，便没有太过关注她。

作为一个新手老师，我最喜欢的莫过于学生问我问题，所以当她举手问题的时候，我耐心解答。看见她脸上的抓痕，我疑惑又随意地问了一句，没想到她无所谓地告诉我是被她弟弟抓伤的。我一时不知道心里是什么感受，但也许眼睛里流露出了些许关爱之情，才让她后来一直对我依赖有加。

其实按照成绩，她期中考试地理61分，刚刚及格，也算不上多么优异，也是一轮复习结束之后，她得了83分。此时，距我实习结束只剩下一节课的时间。

14班的任同学和7班的王同学，都不是传统意义上的好孩子，但他们在我心里，都是只需要一次关爱或信任就能变得积极向上的好孩子。由于学校安排，我未能陪他们走过期末考试最后的复习之路，甚至在写下这篇周志时，也没有看到他们的期末成绩。但我想，对于心中有光、积极向上的他们而言，他们的地理期末考试成绩一定不会差。

每个学生都值得期待，每个学生都不该被放弃。哪怕在其他老师眼中他们很顽劣，但在我心中，他们是天使。

指导老师评语：

教师作为教育事业最重要的承担者，直接影响学生的培养方式和质量。我们要尽量避免给学生贴标签，要用实际行动温暖学生的心，激发学生的学习兴趣，帮助学生明确目标，将人生牢牢地掌握在自己手中。虽然我们无法保证每个学生都成为可以俯瞰寰宇的登峰造极者，但是至少要让学生成为有益于社会的人。

3.9　与学生一起成长
丛嘉琪

学校里的学习永远是互相促进、互相成就的。学生在学习，老师也在学习，学生以老师为榜样，老师也严于律己，为人师表。但是师生间的交流不应仅仅围绕知识，还应包括人生观、价值观、世界观等方面的内容。

18 岁的学生从生理上来看俨然已是个大人，但心智上其实还是一个一直受学校系统保护的孩子。学校里有个学生好胜心很强，他原本是体育生，但是因为受伤走不了体育这条路，心里不服气，总爱与他人比较，常常引发些小口角。这种恶性的竞争意识给他带来了强烈的挫败感，越比越失落。加上性格执拗，班主任对他的措施也比较强硬，这样针锋相对的方式让师生之间产生了更大的冲突。因为年龄差距不大，他选择向我寻求帮助。我对他表示理解，并进行开导，他更愿意向我吐露心声。我也及时纠正他的错误行为，希望他能改变对待别人的方式。他后来也跟我说，我跟他讲的话确实让他的消极情绪得到了缓解。

希望我的引导能够对他有所影响。他以后也会成为我处理学生问题的典型案例。我相信，与学生用心交流，我们会有更多的成长。

指导老师评语：

三人行必有我师，我们每个人都需要通过与人交流提高自己。教师通过与学生相处可以体会他们的天真无邪和善良，学生通过与老师交流可以学会开放和包容。希望你可以通过与学生更深入地交流，坚定自己的内心，让自己在平凡的生活中收获伟大。

第 4 章

斗志昂扬
——老师来探班

实习期间,我们默默期待张老师的到来。因为张老师每一次探班都能带给我们动力、收获与感动。实习之路,张老师的陪伴和指导,帮助我们驱散内心的踌躇和不安,指引我们勇敢前行,勇攀心中的高峰。

4.1 教师如火,薪火相传

张志洁

今天我们的指导老师张军龙老师要来看我们,听我们的课,验收我们的学习成果。

下午两点,张老师如约而至。学校非常热情地接待了张老师,并提供了多媒体教室让我们进行模拟授课。因为课比较多,所以我和刘玫琪没有做好充足准备,张老师便给我们留了 10 分钟的准备时间。时间一到,我打头阵先上场了。我以为经过 1 个月课堂实践的磨炼,我不会再像之前那么紧张,可是没想到刚开始讲课就有点磕磕巴巴。我站在讲台上,看着台下的张老师,突然感觉自己回到了 1 个月前第一次上课时的状态——手足无措。

到教师点评环节,张老师一针见血地指出我的 PPT 制作的问题:开头的图片凌乱地堆叠在一起,毫无美感;PPT 的排版、布局也存在不小的问题。比如整个 PPT 应该用统一的字体,这样比较清晰;标题也应注意统一和逻辑关系;PPT 内容要饱满,但也要适当留白,一定要注意 PPT "天"与"地"的布局。除此之外,张老师还给出了很多建设性的建议。如可以在 PPT 的"地"上加一句这个区域的俚语,让学生感受这个地方的文化,有助于提升学生的文化素养。张老师曾经还给我们开过一个线上培训会,给我们介绍了Office365、PPT美化大师等非常好用的PPT制作工具，但是我们却没有好好利用，一种羞愧感油然而生，感觉脸热热的。

张老师又说，这个地方的学生能见到的"外面的世界"十分有限，如果我们不把我们所知晓的最好的教育资源呈现给他们，他们可能一辈子都不会知道外面的世界到底是什么样的。我们的教学活动，不仅仅是教授他们一些书本上的知识，更重要的是利用当下的教育资源，给他们打开一扇通往"外面的世界"的窗户，激发他们探索外面世界的兴趣。只有这样，他们才能走出大山，到"外面的世界"去看看。也许有朝一日，他们回望那座曾经无私哺育过自己的大山，或许会怀着反哺之情，为自己的家乡带来发展，为贫困落后的大山带来新的生机。这或许就是教育的意义所在。以前的我想法太过功利，想的只是怎样把孩子教好，如何提高成绩，要知道学生是发展中的人，除了学习成绩之外，培养他们的审美能力、审美情趣也是至关重要的。

张老师不仅关心我们的学习情况，还特别挂念我们的日常生活。刚来的时候，宿舍条件确实比较艰苦，强烈的反差一时间使我们无法适应，是张老师一直与学校沟通协调，才使我们的生活环境改善了不少。张老师对我们尽职尽责。有位旁听的老教师还说，你们的指导老师特别认真、特别负责。老教师还说，作为一名教师，就应该将无私为学生、认真教学生的这把"火"传下去。我想，这就是教师的传承吧。

指导老师评语：

教师通过所学，为自己的教学生活增光添彩，也让学生领略到不一样的风采，从而激发学生的学习欲望和对美好未来的追求。一个教师的能力是有限的，但汇集在一起的力量是无限的。我们要认真对待每一个学生，坚定他们的信念，提高他们的执行力，让他们成为未来改变现有环境的重要力量。

4.2 实习路上的指路灯

刘玫琪

本周三是一个激动人心的日子，我们的带队老师张军龙老师要来实习学校看望我们、指导我们了！

  实习学校位置颇为偏僻，张老师开着导航都走偏了。实习学校虽然条件差，但是老师都很好，非常热情地接待了张老师。

  我们带张老师熟悉了校园环境后，便找了一间多媒体教室进行讲课、评课。第一次与张老师一对一讲课，颇为紧张，导致我讲课的内容有一些遗漏。由于准备的过程很仓促，几乎毫无准备就上台讲课了，所以我对自己讲的内容也不太满意。讲完课，张老师给我们提出了许多宝贵的指导性建议，让我们受益匪浅。

  首先，对于PPT的制作，使用Office365常常能达到事半功倍的效果。对于PPT的排版要有层次感，文字最好用序号排序，全文字体统一，最好用黑体。对于色调，最好使用蓝色，代表地理的主体色调。PPT的页面要饱满，留白不要过多，头尾、左右找一个合适的距离，可以加入自己的主旨话语。

  其次，在讲课过程中，一定要有气势，要与学生多互动，营造一个积极活跃的课堂气氛。讲课时，切忌出现"一定要背、记"此类话语，不能让学生产生抵触心理。要通过加强语气突出重点，通过情绪带动来引导学生记住重点知识。

  再次，课后要及时巩固，检查学生的掌握情况。可以给学生打印一些小知识点，在下节课时提问，答对的给予奖励，不断强化学生巩固知识的能力。

  当然，作为一名老师，要想掌控好课堂进度，充分调动学生的学习积极性，最重要的还是要通过提升自我来吸引学生。要想成为一名优秀的教师，我们还需要坚持不懈地努力。

  张老师的点拨如一盏灯，照亮了我的实习之路。张老师不仅在讲课方面给我们提供了建议，还为我们的人生发展指引了方向，鼓舞我们不断前进。有师如此，真是人生之幸事！

  指导老师评语：
  感谢对我的认可，希望我们共同努力，将教师这份职业做好，一起为学生指点前路。

4.3 查漏补缺,豁然开朗

刘玟雨

来到海阳四中的实习生活已经过了大半,而我依然像一只无头苍蝇一样,在实习岗位上横冲直撞。随着讲课次数的增多,存在的问题也逐渐浮现出来。就在这时,我昏暗无光的实习生活终于凿开了一个出口,一束光照进来,我才发现,原来所谓的"深渊"不过是从一个山头到另一个山头所必经的山鞍,跳过山鞍才能柳暗花明,更上一层。

为我打开这个出口的正是张老师,他带着这束光从济南不远千里来到我的实习学校,刚下车便进入我的课堂,听课评课。张老师对我的批评与指导,让我受益匪浅。

听了张老师的评价,我才发现我的课堂教学存在的很多问题归根结底为两个关键词:逻辑和开放。

一 逻辑问题

1. 课前准备不充分,逻辑混乱。我对课程的整体把握没有逻辑概念,知识点之间缺乏联系。我只是简单地将知识点罗列铺开,知识点之间没有思维导向,缺乏对教材内容的理性认识,对课程内容的理解不全面,对地理专业知识的认识也不深刻。

2. PPT制作缺乏逻辑思维。张老师建议我制作PPT时加上页码,以便在上课过程中及时把握课堂进度。我的PPT整体内容较多,一节课无法完成全部讲解,课堂内容较为冗杂,对课程重难点把握不到位。在课堂导入时,选取的视频内容过多,基本覆盖了课程的全部内容,学生在几分钟内根本无法掌握。视频选取应短小精悍,同时具有导入课堂、吸引学生注意力、激发学生学习兴趣的作用。视频中涉及的课程内容,主要通过教师在课堂上对学生进行讲授及互动来实现。

3. 课堂教学过程中,缺乏对学生逻辑思维的锻炼。这也是我课堂中存在的最大问题。在内容衔接上没有逻辑概念,课堂上涉及的练习题与课程内容之间缺乏逻辑性。在提出问题前要学会思考:我为什么要选取这个习题？为什么要在这里安排这类习题？习题安排在此处对学生有何教育作用？讲解习题时，我也缺乏逻辑观念，没有引领学生探寻习题背后的深层含义。对地图的讲解缺乏指向性，应该明确指明是哪幅地图、是什么地图，从而进一步强化知识点。

二　开放问题

1. 缺乏课堂互动。上课过程中要与学生用眼神交流，让学生不仅能感受到地理的魅力，也能感受到教师的魅力。在学生讨论问题时，要走下讲台对学生进行面对面指导。在课堂教学中可以采取探究式的教学方式，发挥学生的主体性，启发学生思考，发散学生思维。学生不应是课堂的辅助工具，他们才是一节课的主角。

2. 不自信。因为不自信，导致我与学生之间缺乏交流，课堂无趣，如一潭死水。而不自信是源于我对地理专业知识掌握得不够熟练，很多内容自己也没有吃透，所以不敢在学生面前展现。

张老师一针见血地指出了我存在的问题，这不仅对我接下来的教学实习有很大的帮助，让我有了改进的措施和努力的方向，也对我今后的人生规划有很大的影响。我一定会沿着张老师给我指出的方向，根据老师提出的要求不断改进和努力！

最后，非常感谢张老师在百忙之中给予我这个完善自我、提升自我的机会！我觉得自己特别幸运，能得到张老师的"一对一辅导"，这是无法用金钱来衡量的。谢谢老师对我的帮助和鼓励！

指导老师评语：

成长是一个不断发现问题，弥补不足，与自己的惰性和缺点做斗争的过程。我们只有抓住并利用好每次提升的机会，才会不断变强大，才能获得更多面对困难和挑战的勇气和力量。

4.4　教学试听

张慧婷

本周张军龙老师前来探望我们并进行了教学试听。

我选择了《农业的区位选择》中的社会经济因素进行讲解，结束后张老师提出了很多建议。一、在 PPT 制作方面，要注意饱满度和层次性的问题。首先，每一页都要尽量饱满，适当留白；其次，中英文字体字符保持一致，中文尽量用黑体，字号要大，设置知识要点的层次突出标题和重点，颜色应该有所区分，帮助学生进行理解。二、应确保课程没有科学性问题，尽量在课程过程中避免记忆、背诵、课下练习和填写这样直接的要求。应当先要求学生理解，教学的实质应当是启发学生并帮助学生理解知识的内在逻辑。三、教态方面，要保持放松和大方，还要保持教学激情。四、讲解考试答题方式的时候，要注意试题与课程本身的逻辑关系。

同时，对于我在讲课过程中出现的口误，张老师指出要学会随机应变，如果出现口误和讲解错误，应该利用两者之间的内在关系顺势自然地更正，这样才能保证课程的流畅和教学的高效。张老师的建议无疑给我们三周以来的实习进行了一次全面的反思和总结，使我们受益良多。

这周我们收获颇丰，期待之后的第一轮试讲顺利完成，并取得长足进步。

指导老师评语：

踏入社会，实习是必过的一道门槛，无一人免俗。同样，实习的你们亦是，第一次走上讲台、第一次试讲等，都是必不可少的过程。因此，你们要用平常心对待，自信地用你们的所学展现自己。成长和蜕变都是在一次次的经历中磨炼出来的。自信、踏实地走好你人生的每一步，未来一定不负你。

4.5　老师驾到啦

张新宇

这周过得十分充实，每天都有很多指向性明确的事情要去完成，让我有一种每天都没有虚度的满足感。

周三是最浓墨重彩的一笔，因为张军龙老师来看我们啦！大清早接到丛嘉琪的消息，说她们在校门口等张老师，我就着急忙慌地往校门口跑去。张老师来了之后就开始听我们的试讲。下面我简单列一下张老师提出的我讲课存在的问题：

（1）语言过于平铺直叙，没有感染力，很难引起学生的兴趣；

（2）关于视频的剪辑，配音有点不搭，剪辑有些粗糙。还有就是视频最好把时长控制在1分20秒或者1分30秒之内，不要太长；

（3）要多注意和学生互动，提问问题时指向性要明确，不要自说自话；

（4）注意讲课的逻辑性，提升讲课质量；

（5）PPT的字要大一些，以防后边的同学看不清白板上的字。

张老师还给我们讲了很多考研的事情，给了我们很多指导性的建议。

张老师还带我们去看了海，说起了他在澳大利亚的生活，真是令我既羡慕又向往。最后，张老师还带我们去吃了海阳的非物质文化遗产——摔面，它不仅好吃而且分量也很足。

总结来说就是，张老师的到来简直就像带来了一束光，照亮了我们日复一日略显枯燥的生活！

指导老师评语：

你们都很年轻，有充足的时间去思考，但是缺乏的是途径和引导。我很荣幸可以作为你们大学生涯的指导老师对你们的生活产生影响，希望你们能遨游人生，尽情挥洒自己的才华，让世界变得更加多彩缤纷。

4.6　期待已久的一天

张志洁

今天张军龙老师来"检查"我们的实习成果了。虽说是检查，但更像是一个长辈来关心我们在这里的学习生活，所以我们并不是特别紧张，反而多了些隐隐的期待。

下午5：00，张老师经过一天的奔波来到我们的学校，依旧精神饱满，神采奕奕。学校安排了接待，我们先去食堂，之后到教室听课。

下午在4班上课的时候，我和4班同学说了我的实习指导老师可能会来听课，他们都很激动，状态也和平时一点都不一样，往日有些随意的坐姿都收了起来，端端正正地坐在凳子上，给我眼前一亮的感觉。

下课后学生都非常好奇，趴在门口看张老师，张老师干脆到班里给他们简短地讲了几句话，我印象深刻。他告诉学生要从现在就开始思考将来想成为一个什么样的人，为人生做好规划，这样在将来的日子里，目标清晰，自然也就动力十足。这也给了我不少触动。

张老师听完课指出了我讲课方面存在的不足。首先是关于提问，提问的时候一定要注意学生已有的知识水平。比如关于全球变暖的问题，要先让学生了解什么是全球变暖，是什么造成了全球变暖，全球变暖会造成怎样的影响。基于这些知识，学生才能去思考应该采取何种措施解决全球变暖的问题，这里面有一个严密的逻辑关系。其次就是不能随便引入新的概念名词，如果引用了一定要解释明白，否则不利于学生的理解。毕竟教学的目的就是把新知识传授给学生，学生只有理解了才能将知识内化，解决一些题目或者是分析一些实际问题。

此外，张老师还问了我和刘老师的考研情况。说实话有点惭愧，这几天我的工作重心一直都在教学方面，完全忽略了考研的事，每天的单词打卡 KPI 都没有完成。老师虽然没有说，但是我觉得老师应该也是有点失望的吧。之前老师为我们做了很多工作，包括组织已经上岸的学姐、学长们的考研交流会，为我们批阅实习日记等，都是为了我们考研在做准备。老师对我们抱有这么大的期望，我们也应该努力，不辜负老师的期望。

我们一边在校园里散步，一边交流，天色很快就暗下来。我们和老师交流得很开心，但是又担心老师太劳累，想让老师好好休息，于是我们和老师拍照打卡后，老师便回去休息了。张老师非常认真，非常负责，每一次莅临指导，都会让我有新的收获。谢谢您，张老师！

指导老师评语：

非常荣幸这次我赶上了你的现场授课，能够参与你的课堂，看到更加自信的你。经过这段时间的实习，你对课堂的节奏已经可以很好地把握，在相对轻松的环境中，学生可以更好地理解事物背后的逻辑。每天24个小时，我们无法延长时间，但是我们可以通过高效的时间管理，增加单位时间的产出，这种产出包括无形的和有形的。希望你能学会合理安排时间，并得到你想要的结果。

4.7 敢想敢做谓之实
刘玫琪

今天张老师又来看望我们啦，又是一个开心的日子。

张老师原定会进课堂听课，可惜时间没赶上，到学校的时候我已经上完了今天的课，有点小遗憾。对于上课时能不能站住讲台，能不能把本节课的进度讲完，能不能关注到学生，积极与学生互动，点一下走神的学生，这些事的处理我已经比刚上讲台时好了许多。在课堂把控方面，多实战是最有效的方式，毕竟实践才是检验真理的唯一标准。

张老师又提到了考研的问题。张老师觉得考本校有点谋求安逸，希望我们可以全力以赴，不要小看自己。前段时间，张老师专门为我们实习生组织了一次考研交流会，会上为我们传授考研经验的师哥师姐考研成绩都非常优异。那次会议让我们明确了考研需要注意的事项，如何努力，也增强了我们考研的信心。张老师看出来我有些不自信，又耐心地鼓励我，告诉我师哥师姐中也有许多人，大学成绩平平，但通过自己的努力，都考上了心仪的学校。他还激励我要对自己充满信心，要敢想敢做！

张老师还告诉我们，要敢想敢做，为了自己的梦想付出实际努力。他大学期间在最疯狂的日子里，4:30就起床，然后跑到食堂，在食堂里背英语，等食堂做好饭，吃完饭接着就去教室继续学习，等到图书馆开馆，就转战到图书馆学习。张老师通过自己的努力，一路披荆斩棘，不仅攻读了博士学位，而且出国进行了深造。所以，我也要相信自己，脚踏实地地做出努力！

要相信自己，希望和未来永远是掌握在自己手中的。

指导老师评语：

一定要加油，将自己的命运掌握在自己手中。不要退缩，不要犹豫，不要彷徨，年轻的时候就是要选择坚毅和奋斗，克服自己内心的恐慌，科学规划，坚定执行。相信自己，你会做得非常好！

4.8 师者，所以传道授业解惑也
徐晓倩

眨眼间，五月结束了。

上午10：30，张老师开车来到淄博五中，我们三个在门口等待迎接，和我们一起在校门口等待的还有办公室的毕老师。毕老师从山师毕业很多年了，平时十分照顾我们，此次张老师的到来毕老师表示热烈欢迎。和张老师见面后，我们立即开始一人10分钟的试讲。试讲完毕，张老师分别对我们三个进行点评。首先，我最大的问题是声音不够洪亮。张老师很细心，听出我声音与往常不同，还关心地询问我。我有些不好意思地说，因为早上练习的时候用力过猛。老师建议我尽量避免用嗓子发声，否则以后走上讲台，全靠嗓子发声是很难维持一天的，可以学习用丹田，腹部发声。其次，我比较明显的一个问题是上课的逻辑不是很清晰。比如我讲完知识点应该接着解决课堂刚开始提出的问题，让学生举一反三，将地理知识与实际生活相联系，而不是讲到最后才讲这个问题。另外，在原理讲解的处理上也欠妥，应该采用PPT图画的方式讲解，这样更直观、更清晰。我用板书绘制有可能会导致学生出现一个地方听不懂，剩下的都听不懂的现象。当下特别流行多媒体教学，对于传统教学中教师难以表达、学生难以理解的抽象内容、复杂的变化过程等问题，可以通过多媒体动画模拟、过程演示等手段予以解决。如果我用PPT动画演示，再用板书总结回顾，我想课堂效果应该会大大改善。

张老师是个十分认真负责的老师，针对我们三个的问题，老师讲了很久，我们也听得入了迷。不知不觉已经到了饭点，于是我们便坐上毕老师的车一起去吃了"又一村"饭店的博山菜。

饭后，我们又和张老师聊了很多。张老师问了我们今后的考研方向及选择的学校后，立即帮我们联系成功上岸的师姐们，给我们解答疑惑，提供学习方面的帮助，这无疑是给我们前行道路上点亮了一盏明灯。下午张老师和办公室的老师们聊得很开心，我们在旁边听着也很开心。但是，愉快的时光总是过得很快，1：30我们便和办公室的老师们一起送张老师离开。或许下次再见面就是实习结束接我们离开的时候。

一位好老师，胜过万本书。习近平总书记也说过，一个人遇到好老师是人生的幸运。我们为张老师能够成为我们的指导老师而感到幸运，也感激张老师的谆谆教导。张老师不仅教会我们很多教学方面的知识，还给我们的考研之路指点迷津。张老师的言传身教，像春雨润物细无声。有时尽管张老师不在我们身边，但每当我们在日常学习中有所懈怠时，总能想起张老师那鼓励的眼神、铿锵有力的话语，这些都汇成力量，促使我们继续前行！

指导老师评语：

有幸为师，在你们的成长路上摇旗呐喊，鼓励你们直面学习和生活中的关隘，攻克一个个难关。拼命奔跑，竭力攀岩，你们的努力，终会换得一个更加优秀的自己。

4.9 老师的礼物
密 华

这周，张老师来实习学校进入课堂指导，验收这段时间的实习成果。

我误以为要给老师演示的课是我以前讲过的，就没认真准备，只提前了两天开始准备。殊不知与别人的距离，就是在这一次次对自己的放松中拉开的。

张老师和另外两位一同实习的同学一起来的，这让我感到十分惊喜。我在7班给两位指导老师和学生讲课，突然有一个细微的发现：7班是让我最放松也是最投入的班级。我站在讲台上看向学生时，与学生的互动渐入佳境时，当学生在我事先没有要求的情况下积极举手时，我已经沉浸在其中，那一刻我仿佛忘记了听课人的存在。我很喜欢这种放松的感觉，但又深知这可遇而不可求。希望我们和学生一起努力共同营造放松的课堂氛围，感受学习的快乐。

课后，两位指导老师进行评课。出人意料的是，张老师竟说我除了说话拖音外，没有其他问题了。我突然觉得，老师第二次来看我们，最大的意义是增加了我们的自信。得到老师的肯定就像得到一件喜爱的礼物一样，令我开心不已。

尽管得到了张老师的肯定，但是通过反省，我觉得自己对这节试听课准备得还不够充分。与实习学校有的老师为了一节公开课准备 1 个月相比，我的准备太敷衍，对自己的要求实在太低了。从此以后，我会牢记"准备"二字，更高标准地要求自己，做事绝不敷衍。凡事都要问自己，我还可以做得更好吗？

指导老师评语：

为人师必须要带给学生基本的信心诉求，批评学生而不给出具体的解决方案，对学生的发展是极为不利的。中学生对周围的环境尤其是老师对自己的态度非常敏感，一句不经意的玩笑可能就会让学生产生自我怀疑。因此为师者必须要严于律己，让学生从你的身上学习到为人处世的方式，感受到一个自信者的人格魅力。

4.10　您像明灯，照亮我前行的路

蔡依霏

作为实习生我是幸运的，因为我身边有资深的一线教师，从他们身上我可以学到很多一线教学的实战经验；作为学生我更是幸运的，因为我有一位非常负责任的指导老师。

周二，学校指导老师张军龙老师来莱阳指导我们。张老师 5：00 出发，开了 4 个小时的车到莱阳，不顾舟车劳顿，见到我们三个实习生就开始指导工作。我们找到一个空教室，三个人分别进行了试讲。试讲完，张老师对我们每个人都进行了非常细致的点评，指出了我们教学过程中的不足。

张老师还专门制作了一个 PPT，指导我们如何开展日常的教学工作。张老师针对一名合格教师所应该具有的基本功，给我们进行了细致的分析和评价。首先，写板书时，书写要有力度，字体要美观，一手好字常常能吸引学生认真地听课。其次，讲课时要有底气、有气势，与学生互动时要

有眼神交流，而不是走走过场。再次，讲课时发音也要有技巧，注意语音、语调的把握，应该是波澜起伏而不是平铺直叙，要让学生感受到老师上课的"激情"。一切的一切看似简单，却都需要我们进行不断地练习。

在教学内容方面，要保持连贯性，讲一个知识点就要讲透。而讲透的前提就是教师自我素质要过硬，教师的本体性知识要牢固。张老师看到一位实习老师准备的课件中有英文，就提议我们把地理与其他学科结合起来，实现地理与英文的互动，实现学科间的互惠。如教师将英文中熟悉的知识，运用到其他学科中，不经意的一个举动可能就会激发学生对另一门课的学习兴趣。教师的一言一行在不经意间可能就会改变学生对一个科目的看法，改变学生对学习的态度，甚至可能改变学生的一生。在与学生互动的过程中，要引导学生表达自己的观点，而不是教师自己唱"独角戏"。所以，如何把课堂交给学生，需要教师在实践中不断地揣摩。

针对PPT制作，张老师也给了我们很多建议。大到文章的行文逻辑，小到标题的大小、断句的长短，张老师都一一给我们指出并举例说明。在课堂导入方面，张老师也给了我们很多建议。还有制作PPT的工具、制作PPT的细节，等等，都是我们需要注意的地方。以后我还需要多加学习，因为不管是教学还是从事其他职业，制作PPT这项技术都会有很多的用处。

张老师不仅给我们指导了教学，而且还给我们做了很多关于考研择校等方面的指导。我虽有满腔热血，但是没有正确的方向，就是一件"危险的事情"。傍晚，张老师结束了这次实习指导，准备奔赴下一个实习地点，我鼓起勇气，单独和张老师聊了很久。非常感谢张老师牺牲自己的休息时间听我讲述考研择校中的困惑。张老师站在一个过来人的角度，结合自己曾经踩过的"坑"，给了我非常中肯的意见。张老师有句话让我印象非常深刻，他说："不要在未掌握全局的情况下复习。"希望通过与张老师交流，我能走上一条适合自己的路。

过去的我犹如在黑夜中摸索着向前，如今，有了像明灯一样的张老师给我指明方向，未来我一定会勇往直前的。

指导老师评语：

到了莱阳就感受到了久违的宁静，乡村的美景和气息也让我想起了千里之外的家乡。希望你们在将来的生活中勇敢地做自己生命的舵手，永远把握自己的航向，永不偏航，驶向远方！

4.11　Open 是一种态度
耿康宁

张老师第二次来探班啦！回想上次我们手忙脚乱，熬夜做 PPT，改文案，在备课室一遍又一遍练习、琢磨，甚至从"同学们上课"到"今天的内容讲完了"都写了详稿，这次我们非常轻松。我们从关心自己是否扛得住张老师的指正，变成了关心张老师几点来、会不会迷路（只是没想到张老师真的迷路了）、能不能留下来吃顿饭。我们的变化是相当大的。

在第一次探班中，张老师对我的印象非常深刻，因为我的问题出奇多。如 PPT 画面不协调、项目符号不统一、不够 Open、讲话混乱等。

张老师每次指点我们都会提到"Open"一词，在两轮教学试讲中我对此有深刻的感悟。在第一轮试讲中，我紧张、结巴、大脑空白，不自觉地想与学生开个玩笑，缓解一下紧张的气氛。很多时候我都在模仿和学习其他老师以及实习生的讲课方式，对于他们提到的知识点、扩展的案例，我恨不得把每一点都记下来，全部告诉学生。但是经过一段时间的认真学习，我才发现那样的教学方式是行不通的，缺乏自己的逻辑体系，教学缺乏自我，最终学生只是记住了我讲的案例，而没记住知识点。为此我不断地训练自己的口语表达能力，让自己能在讲台上大胆自信地表达，将一个知识点完整地讲述出来。经过一段时间的经验总结与沉淀，我的教学能力有了大幅提升，第二轮试讲中我可以轻松地把握课堂的节奏，从容地进行案例分析、提问环节，甚至偶尔还会开个玩笑来活跃课堂气氛。

虽然我没有注意到自己的变化，但张老师关注到了。在第一次探班中，我的 10 分钟试讲还未讲到 10 分钟时，张老师手中的记录本已填写完了，并且在最后的总结中一语道破我的致命缺点。而在第二次探班中，在我有了自己的节奏之后，张老师便不再单独对我强调这一点，而是将之扩展到人生的各个舞台。

在实践和回顾中，我深切地感受到要成为一个有自我的老师，要成为一个"Open"的老师。

指导老师评语:
我们的教学水平在不断地练习中进步,甚至超出了我们对自己的期望。事实就是这样,你不努力就不知道自己有多优秀。希望你在接下来的道路上不断地挑战自我,无论是在教学实践还是在未来规划上都可以坚定地走下去,用自己的人格魅力感召学生,让学生获得更多的精神食粮。

第 5 章

反躬自省
——在心中修篱种菊

诗人济慈曾说过:"生活是一条修炼灵魂的山谷。"正如实习生活中的每一次备课、讲课、评课,对教育现状的每一次思考、调查,都让我们在心灵的山谷中不断成长,修炼自我。我们思所得,思所失,思所疑,思所难,不断学习,全力以赴,精益求精,以期成为最好的自己,为教育事业增砖添瓦。

5.1 第一次月考总结
刘玫琪

这周学校进行了月考成绩的汇总,学生的地理成绩都差强人意。

全年级149名学生,只有25名学生及格。除去我们首次出题经验不足,试卷难度有点大,难度分层不严密的客观原因外,这些学生的成绩着实令人不太满意。满分100分,最高分只有85分,上80分的也仅有4位学生。

通过对各班上课、作业完成情况和考试成绩进行综合分析,我发现一个有趣的现象:平时上课最沉默,作业完成情况最差的班级,成绩居然是最好的;而平时上课班级氛围非常积极活跃,作业完成情况也非常认真的班级,成绩却最不尽如人意。可见,上课时一定要充分掌控课堂状态,不能让学生过于兴奋,该积极时积极,不该积极时要能收得住性子,提高专注力。

通过讲解试卷,我发现各班级对于知识的掌握情况一般。学生还是没有脱离画书背书的模式,在日常上课过程中,不愿意动脑筋思考。对于在课堂上讲解得非常清晰的问题,还是有一小部分学生不明所以。

对于知识掌握不牢固的现象,也不能都归结于学生上课没有认真听讲,也有我业务不娴熟的原因。来到这所学校一周一直在赶进度,没有及时安排章节复习课,仅仅是每节课讲一下上节课的习题。所以这次月考,不仅是给学生一个检测和提醒,也是对我讲课效果的一个验收。在日常教学中,不能只赶进度,忽视复习课的重要性,毕竟学过的知识只有让学生掌握了才是有用的。

截至清明假期,我的支教生活已过去 1 个月之久,我从一开始的不适应,到现在实习生活的各个方面均已步入正轨。真正走上讲台与在教室模拟授课完全不同。在真实的课堂上,随时可能出现意想不到的情况,教师不仅需要教授给学生专业知识,还要头脑灵活,能够处理随时出现的突发情况。要想成为一名合格的人民教师,我仍需继续坚持不懈地为之努力!

指导老师评语:

通过你对教学过程的描述,我也更加清晰地了解到我们教育中存在的一些问题。在低龄教育中我们一味地认为学生理解能力有限,所以先让学生把东西背下来,日后慢慢理解,殊不知我们虽然选了一条最简单的路,却耽误了学生的人生。因为很多学生只知道一味地背诵和摘抄,却从来不肯动脑筋思考,他们耐心听讲和动脑思考的能力已经被忽视了。唤醒学生内心的学习欲望,养成自律的行为习惯才是持续学习和未来生活幸福的关键。我们通过自己的实践,每个人多做一点点,事情总会在某个点出现转机。

5.2　期中考试自我反思

密　华

这周是期中考试的一周,也是自我审视、自我反思的一周。

在上了一个半月课后,期中考试如期而至。课讲得匆匆忙忙,就连复习也是没有头绪。

我用了最简单的复习方式,每节课布置完任务,看着他们背书。我以为有声音便能将知识记在心里,殊不知学生不是机器,做不到完完全全地主动输入。期中考试的结果很明显，退步了很多。因为从一开始就对自己的能力有了大概的认知，所以做好了他们期中会退步的准备。事实证明，确实不行。不行在哪儿？最大的问题好像不是出在知识上，而是作为需要拿出成绩的老师，没有把重点放到学生对知识的理解与巩固上。

向老师、朋友寻求解决方案，矛头都是直指"落实"。我也有所反思，以后的课堂教学，除了讲课，更要注重学生对知识的理解与掌握。

老师的一句话一直萦绕在我心里："诲人不倦"应当是"诲"，不是"毁"。

指导老师评语：

认识到问题并且努力反思，寻找突破口和方案，是解决问题的正确方式。每个新手教师都是从你这样的状态走过来的，难免会遇到困难和否定，这是成长过程中必经的阶段，正视它，你才能走得更远。

5.3 肯定成绩，反思不足

范子语

在上周的期中考试中，我教的三个班级成绩都有很大提升，8 班更是获得了地理全年级第一的好成绩。我兴奋地将这个好消息分享给我的家人、朋友和师长，作为教师的自豪感和成就感油然而生。

但是考试过后，除了对已经获得的成绩感到高兴之外，还应该反思在教学上还有哪些不足，还有什么方法可以让成绩得到更大的提升。

在讲评试卷的时候，我发现大部分同学的主要失分点不在高难度的题上，而是在中档题和低档题上。这一套试卷，大部分都是中低档题，只有几道高难度题，所以把握住基础知识，把该拿的分都拿到就能得到很不错的成绩。然而，通过分析同学们的错题情况我发现，试卷中涉及的许多知识点基本都在课堂上讲过，而且也要求同学们背过，但是仍然有很多同学做错。

我认真思考了这个问题，认为主要有以下几个原因：

一是学生知识掌握不牢固。每道题都不是考查单一的知识点，而是考查众多知识点的迁移运用，环环相扣，其中任意一个点的缺失都可能导致这道题的失误。

二是学生思考和应用知识的能力有些欠缺。地理学科考查的是多个知识点的综合运用，而学生对知识点却不能灵活运用。

三是学生上课听讲存在问题。上课时我不仅讲解一个知识点，还会联系前后的知识和课外的知识进行讲解。讲解题目时，我不只讲答案，还会讲答题思路。如果学生上课不认真听讲，我讲的知识与答题方法没有掌握到位，很容易在考试中失分。

在接下来的教学中，我会更注重学生在课堂上的听讲以及课下对知识的掌握，努力提高他们的学习成绩。

指导老师评语：

学生取得成绩上的进步，是对你教学成果的肯定。在教学中花大量时间去梳理知识背后的逻辑，培养学生深入思考的能力，实现活学活用，这样可以事半功倍。希望你将来可以在这方面做得更好。

5.4　让课堂适应教学实践的发展
范子语

在日常的总结与反思中，我发现教学过程中存在一些问题并予以解决。

首先对上课环节进行了改进。在课前增加提问环节，对上一节课的知识进行提问与回顾，查漏补缺。其次在课堂结束时增加了总结环节，对整堂课的知识进行系统的总结，帮助学生梳理知识脉络，在头脑中构建知识结构图，对复杂琐碎的知识进行归纳整理。

课前提问的效果令我非常惊讶，越发让我觉得增加这个环节是一个正确的决定。平时上课的时候，学生听讲都很认真，作业的完成度也很好，但是在课前提问的时候，我发现多数学生对知识的记忆存在问题，其中不乏表现很好的同学。经过了解才发现，大部分学生只是上课记录了知识，做题时对着课本去做，并没有对知识进行深层次的理解，也没有及时对所学知识进行巩固。

我在备课环节也进行了改进。之前备课只是构思自己上课需要讲什么，而没有真正地关注学生的需求，现在每次上课前我都会阅读这堂课所涉及的相关习题，然后从中概括每个习题所考查的知识点，分类比较，总结出高频知识点，并对其进行重点讲解。这样更易于学生理解运用。

本周我领悟到一个道理，教学方法并不是一成不变的，要在不断地反思总结中发现问题，解决问题，让教学方式更加适应教学实践的发展。

指导老师评语：

总结是课堂必须要有的环节，可以帮助学生养成总结和反思的习惯，对以后做任何事情都非常有帮助。善于归纳和总结的人做事会更加高效。

5.5 在反思中提升自我
翟天泽

通过实践的磨炼，我对教学的看法也越来越深刻。结合参加教师技能大赛时山东教育厅的老师给我们的分享，我认为反思是一个教师不断成长的途径。朱永新老师说过："一旦我们以反思的视角去审视，将会从中汲取更多经验和教训，成为另一种意义上的成功。"[1] 由此可见，反思能帮助教师构建教学理念，形成自己的教学方法。

教师反思的方法都有哪些呢？目前一线教师每学期都会提交自己的教学设计记录本以及教学反思记录本，并每周召开学科组会，通过自我反思、组内交流的方式反思一周的教学成果。但是我认为，这样的方式只是流于形式、浮于表面。对于教学反思，我认为可以采取微格教学的方式，录下自己的教学视频并反复观看，从视频中体会自己的教学语言，尤其是逻辑思维。正所谓当局者迷旁观者清，只有以旁观者的身份看问题，才能看清问题的本质。我非常认同同组实习生吕世轩同学对教学评价的看法："最能够真实地评价老师的不是评委，而是学生。"毕竟教学的受众是学

---

[1] 朱永新：《致教师》，长江文艺出版社2015年版，第54页。

生，教师教学的好坏最终反映在学生的学习成绩上。

"学而不思则罔，思而不学则殆。"教师能够学会反思对自己和学生都有利。一个具有创造力的老师，他的学生也会受其影响。做一个会反思的教师，创造性地进行教学活动，对自己负责，对学生负责，教学成果一定不会差。

指导老师评语：

随着时间的推移，自己在教学过程中的体悟会逐渐模糊，用一个小小的记录本写下自己平时教学活动中的点滴，记录下学生的精彩瞬间，在得失之间寻找自己的突破，不断完善自我。

5.6 越挫越勇

张新宇

周一，老师突然通知我周二要准备讲一堂课——《污染物跨境转移与环境安全》。这是我来海阳四中讲的第一堂课，不免有些紧张。由于准备得不太充分，导致讲课效果并不理想，所以我对讲课中存在的问题以及课堂氛围做了一些反思：

（1）由于时间不足，导致 PPT 制作的效果并不理想。PPT 上的字太多，铺满整个屏幕，本来学生对于这种内容就不太乐意学习，这样的 PPT 使学生更加没有学习的欲望。

（2）讲课的时候完全是照本宣科，没有根据教学参考书将重点内容呈现给学生，导致讲课平铺直叙，课堂氛围死气沉沉。

（3）控场能力不足，没有和学生进行适当的互动，没有引起学生的学习兴趣，没有调动起课堂的氛围，这样学生很难集中注意力。

（4）课堂导入太生硬，而且导入的视频没有合并进 PPT，导致视频无法播放。指导老师说如果是公开课，仅视频问题这一点就已经致命了。

（5）对时间的把握不到位，导致教学结构不够完整。我讲完整体内容时，下课铃已经响起，课堂少了小结和巩固练习的环节。

总之，这节课中我存在许多问题。接下来我要多努力、多学习，不断提高自己的教学能力。期待在下一次讲课中表现得越来越好!

指导老师评语：

紧张是正常的，可以通过学习和实践克服。实习生跳出舒适圈，驾驭自己之前从未体验过的角色，这是一个新的挑战。但是没关系，万事开头难，今天的不完美就是为了今后的更完美做准备。每堂课结束后进行反思是提升教学效果的重要方法，只有不断反思，找出自己上课存在的问题以及技能方面需要提升的地方，并付出努力去改变，才会越来越好。

5.7 教学自省
刘玫琪

相对来说，周一是工作日中最清闲的一天。今天没有上课任务，大部分时间可以自主安排。所以，在开始本周教学前，我回顾了之前的课堂教学。我在想，我怎样才能使课堂进程更紧凑、课堂纪律更稳定，最终提高课堂效率?

首先，要拉近与学生的距离，激发学生学习地理的兴趣。要想得到学生的认可，教师一定要靠个人的魅力吸引学生。地理这门学科涉及的知识面非常广，这无形中对地理老师提出了更高的要求。地理老师不仅要具有丰富的专业知识和深厚的历史文化素养，而且还要有扎实的语言表达功底。在教学中，老师要根据学生的特点，选取贴近学生生活，学生感兴趣、易理解的内容为例，讲述地理知识。"学高为师，身正为范"，地理老师应以自己渊博的学识感染学生，激发学生学习地理的兴趣。

其次，要尊重学生。学生尊重教师这是毋庸置疑的，但教师更应该尊重学生，平等地对待学生。当教师在教学过程中发现学生注意力不集中，上课开小差时，应该适时提醒学生，引导学生认真听课；学生在学习地理时遇到困难，产生厌学情绪，成绩总是不理想的时候，教师应及时鼓励学生，帮助学生。

再次，在日常教学方面，教师要提前备好课，认真钻研教材，明确教学目标，认真选择教学方法，最重要的是多进行教学反思。在进行教学反思时，主要是看预设的教学目标在这堂课中是否完成，预先的教学设计和实际教学有什么差别，这节课教学中有哪些不恰当的地方，存在的问题是什么，如何克服这些问题。

指导老师评语：

尊重是相互的。你尊重学生，学生也会尊重你，从而配合你的一切教学活动，使教学活动顺利进行。作为老师，时常自省，不断反思，不仅有助于教学水平的提升，还有可能改变学生的一生。"任重道远，道阻且长。"希望你能保持自省，勇往直前。

5.8 "温柔"老师要改变

徐晓倩

在15班当实习班主任的日子也不短了，我经常听到他们对我的评价是：徐老师超级温柔！刚开始我还很高兴，觉得学生喜欢我。后来当我看晚自习时听见有人在下面窃窃私语，班级纪律开始变差，我开始反思：是不是我太温柔了？

有时我走进班里，学生会笑着与我打招呼，而当班主任走到班级门口，班里则会瞬间安静。这样的差别对待，让我有些不知所措，我感觉我更像是他们的朋友，而不是他们的老师。可是，问题出在哪里呢？

我开始仔细观察班主任和他们的相处模式，想从中窥探班主任管理班级的秘诀。有时班主任会和学生开玩笑，学生纷纷笑倒一片；有时说到严肃的问题，谁如果犯错，班主任则会毫不留情地惩罚。还记得有一次，班里一位男生因为自习期间搞怪，被班主任叫出去在走廊上严厉批评。我坐在讲台上，觉得这招"杀鸡儆猴"用得十分不错，班里学生听着班主任的批评声立刻噤若寒蝉。这位班主任班级管理能力特别强，作为一名体育老师，年纪不大却已成为高一级部主任兼15班的班主任。班里学生对他是又爱又怕，学生打心眼里尊敬他、崇拜他，愿意和他亲近，但是又畏惧他的威严，就这样，15班的学生被他管理得服服帖帖，不仅学习成绩优秀，还获得各科老师的高度认可。

还记得张军龙老师和我们聊到班主任管理班级工作时说："打铁还需自身硬。"身为班主任，我们自身要强大，这样才能走进学生内心，才能感染学生。诚然，我认为我的温柔，是打双引号的温柔，是不成熟的老师面对学生时的腼腆。我应该重新考虑我和学生的距离，如果和学生走得太近，他们会把我当作可以嬉笑的对象而缺少对老师必要的敬畏感，适当地保持距离或许会更好。我从班主任身上还学到，作为老师应该学会适当地表现我们的情绪，甚至是演出一些情绪。这样才能感染学生，激发学生的学习兴趣。学生肯听话，管理班级才会更加得心应手。

我要学习的还有很多，是时候做出一些改变了！

指导老师评语：

班主任在教学过程中是一个相当重要的角色，其在班级管理上所发挥的作用可以对整个班级学生的前途产生影响。然而班主任对学生的严宽尺度却极其难掌握，一味地温柔以待，学生就会产生懈怠；一味地严厉也会让学生进入另一个极端，惶惶不可终日。学生长期处于松散或高压的状态，很难在学业中取得长久的进步。因而要向这位年轻的班主任一样，制定好规则，严格执行，奖罚分明，这样才能有效地促进学生对自我行为的管理，养成良好的学习习惯。

5.9　我的教学反思
张志洁

成为实习老师已经有一段时间了，我和学生也渐渐熟悉起来。看着属于他们那个年纪特有的笑脸，上课时真诚又充满求知欲的眼神，我的心情也好起来。同时，我也在反思这段时间的教学实践活动。

在教学方面，怎样才能激起学生学习地理的兴趣，让他们从一个被动接受者成为学习的主人呢？在上课的过程中，我做过很多次"小实验"，比如故意卖个关子，在他们走神的时候扯两句题外话等，但是结果却不甚理想。寓教于乐也并不是那么容易的。

还有关于理想的教学模式不能实现的问题。每天坐在办公室，埋头设计出来的东西真正运用到课堂教学中，收效甚微。今天早上下课的时候有两个平时很活跃的学生跟着我问东问西，我问他们以前地理老师怎么教的，他们说："画画背背就可以了。"这个答案如我所料，但我不愿意听见这样的回答。地理学并不是一个画画背背就能学好的学科，其中的一些思维方法，又岂是通过画画背背就能轻易获得的呢。今年的期中考试提前了一周，时间紧任务重，学生很难在有限的时间内将庞大的区域地理知识融会贯通，而我所运用的启发式教学法又需要学生主动思考，我该如何在较短的时间里进行这种启发式教学呢？我和刘老师打算向指导老师请教，希望可以协调好基础知识与能力培养之间的关系。

不管是寓教于乐的教学方式还是启发式的教学法，我都会不断探索，不断实践，争取早日找到一套适合学生发展的教学法。

指导老师评语：

教师用心做事，尽最大的努力去引导学生，帮助学生，激发他们的活力和潜能，是进行有效教育的重要前提。希望你可以一如既往地保持初心，将来成为一名有爱心、有追求的教育者。

5.10 教学有"法"

密 华

进入期末复习阶段后，每个班级的状态都不一样。我理想中的复习状态是老师布置什么任务，学生都能顺利地完成。但往往事与愿违，尤其是对于十一二岁这种自觉性还不甚高的学生群体来说。其实不只是复习阶段，平时上课、讲题，学生也是学不进去的状态。

14班的氛围整体沉闷。在进行复习课时，我通过检查背诵、提问听写等方式抽查了他们的复习情况，结果不是很理想。14班的背书声很小，所以我不得已拜托了14班班主任来教室坐镇。不得不说，有班主任坐镇，效率确实提高不少，背诵的声音提高了很多，而且调皮的学生也没有再放肆。

但是，一个班级的任科教师还需要班主任来教室协助管理学生，这对任科老师而言无疑是一种失败。通过与同为实习老师的同学交流，又请教了办公室的几位资深教师，我了解到，通过物质奖励来调动学生的积极性是一种不错的方式。

于是我在14班采用了这种方式，买了糖果与笔记本，糖果奖励给所有完成试卷的同学，也就是全班同学，而笔记本则奖给了测试中成绩最高的五位同学。大家都很高兴，当我发下笔记本，得到本子的同学更是兴奋。我也看到有些分数相近的同学有点不服气，有些分数考得较低的同学很是羡慕。我虽然不了解他们内心的想法，但我想，这对于得到本子的同学来说是一种鼓励，对于不服气的同学来说也是一种激励，对于羡慕的同学来说则是一种暗下决心勇争上游的动力。可见，奖励发给谁与奖励的多少都会影响激励效果。

这在班级与班级之间更为明显。由于课时进度的原因，我未能给18班进行这一活动，知道这件事的学生询问我，我说是因为他们还没有做测验，然后我明显感到气氛低沉了一些。这件事告诫我，初一的学生心理还不够成熟，需要老师精心呵护，应尽量避免在班级与班级之间的物质奖励上产生差异。

指导老师评语：

在教学过程中教师利用适当的激励手段，可以有效地帮助学生树立信心，促使学生更加努力地学习。

第6章

精彩纷呈
——校园趣事多

我们从学生时代的校园里走过,又踏入教师时代的校园。校园就像"源头活水",有数不清的美好,有永不退却的朝气蓬勃,激荡我们的生活。

6.1 体育监考欢乐多

密 华

你会坐位体前屈吗?想象用指尖触碰脚尖,你会感觉,多简单啊,不就是弯腰手着地吗?没错,这是最简单的一项体育测试了。

学生时代所有的考试中,我最不喜欢的就是体育考试。800米、50米、立定跳远等,无论哪个我都是谈之色变。当了老师以后,不喜欢监考,唯有一种监考除外,那就是体育考试的监考!历山中学初一、初二的期末体育测试,我被安排监考坐位体前屈。

刚到考场的时候,7班的女生正在第一位老师那里准备坐位体前屈。我拿着杯子和笔走过去,迎着八点钟的朝阳,暖色微光洒下,7班十一二岁的孩子们冲我招手,朝气迎面扑来。那一刻,我突然领会了教师的意义。

然后我入座,开始说明监考事宜。一个女生面对我和另一位老师不知如何选择时,身后那个女生却拽着她来我这边,还一边大声说:"老师好!"接着把班级花名册递给我。怪不得让我监考呢,原来是11班周老师的学生。我曾替周老师在这个班上过一节习题课,真是有缘!

有十多个学生,身体柔韧性很好,一推竟然可以推到底,直接满分。当看到同伴给压得很困难的同学开挂时,我不禁想起自己曾经也是这样,嘴角便不自觉扬起微笑来。

有意思的来了。有个小男孩，坐位体前屈无论如何腰都压不下去，手一直够不到脚，同班的三个男生压他后背也压不动。我在一旁忍了又忍实在没忍住，笑了好久，本来想写个零分，一旁指导我监考的老师居然坚持让我记负5。我人生中第一次看见负数的坐位体前屈，真是又惊奇又好笑。

原来当老师也并不是只有古板和严肃！

指导老师评语：

这个我承认我也笑出了声，我也是头一回听说有负分的成绩。这是铁打的背吗，三个男生都压不动。不过，倘若有学生让老师示范，老师该怎么办呢？不敢想，不敢想。

6.2　山区的夏天

张志洁

天气渐渐热起来，山区里迟来的夏天终于到了。我以为济南的夏天就够热了，没想到还是我太年轻，无论哪里，没有空调的地方才是夏天最难熬的地方。

办公室总体来说不是很热，因为有空调。为了响应学校的节能号召，不是很热的时候一般不开空调。但是晚自习期间会趁主任不在偷偷开会儿。然而回到宿舍，感觉就像进入一个巨大的蒸笼，又闷又热。因为我们宿舍在顶楼，而且还是西户，白天最热的时候太阳正好炙烤着我们。我和刘老师在窗户附近，拉上窗帘都挡不住滚滚的热浪。午觉起来，就像刚从水里捞出来似的，浑身都是汗。有时候我都在想，我会不会在睡梦中中暑离开这个美丽的世界。加上我又特别畏热，温度一高，身上就很容易长痱子，特别痒，一抓就破了，汗流上去简直不要太酸爽。沂源的夏天对我这个小胖子真的不太友好。

学生也深受影响。学生的教室、宿舍里都没有空调，仅有几个小风扇，天气特别热的时候作用微乎其微。下午两点左右是一天之中最热的时候，学生下午上第一节课时，午休后还没清醒，一个个低着头，困得摇摇晃晃，这还听得进去课吗？于是我只好请教其他老师。有的老师不太管，就是讲课声音大一点；有的老师会让学生再眯一会儿，养足精神再学习；也有的老师让学生做一些有趣的活动，借此"叫醒"学生。我个人比较喜欢最后一种方法，领着学生做一点活动，让他们"醒"过来。

上周四我的课是下午第一节课，学生昏昏欲睡，我提议大家一起唱首歌。但是问了大家，发现会唱的歌不太统一，于是我出了个主意——唱国歌。国歌大家都会唱，于是我起了个头，领着大家唱起了《义勇军进行曲》。不得不说，我们的国歌唱起来慷慨激昂，每次唱的时候总是有种热泪盈眶的感觉。唱完之后，大家果然精神多了，接着进行复习课，效率也高了很多。

指导老师评语：

你的经历让我想起了我的硕士生活，重庆的夏天简直不要太酸爽。带着学生一起唱歌再上课是一件非常幸福的事。

6.3 爱生气的"小课代表"
徐晓倩

每个学生都是天使，他们天真烂漫、单纯可爱，很高兴我能和他们相处这么一段时光。

我们班的学生对我特别好，每次课间我路过15班的教室，总有学生在走廊高声和我打招呼，还有几位特别的学生会向我鞠躬问好。第一次受这么大的礼，我有点受宠若惊，不禁感佩学校礼仪之风的浓厚。有时大课间我会到班里转转，有的学生就会抱着零食蹦蹦跳跳地问我："老师，你吃零食吗？"我的第一反应是，我是一名老师，我要保持我的形象，便微笑拒绝。我们班有一位学生，每天晚上第三节晚自习时，总会去办公室找我，帮我拿东西，每天如此，坚持不懈。我为他的细心和坚持而深深感动，时间久了，我也习惯了他的陪伴，感觉他就像我的小课代表。偶尔他还会带他的小伙伴一起来帮我拿东西。有时我会拿电脑进班里，东西比较沉，有时会拿一个本子，比较轻，但无论东西多少，他们都会合理分工，很多时候两个人一个人帮我拿一支笔，一个人帮我拿一个本子，每天都是仪式感满满。

后来，有一段时间我要回学校一趟，有几天没有来班里，当我再次见到他的时候，他竟气呼呼地问我："老师，你怎么好几天没有来班里，每次你都不在，好生气！"我一拍脑门，我这个大迷糊，竟然忘记告诉他我回学校了，害得他白跑一趟。好在学生的气来得快，去得也快，这件事很快便过去了。

实习结束时，因为通知得太匆忙，我还没来得及与学生诉说离别，在学校待的最后一个晚上，我的"小课代表"看到我，又气呼呼地问我："老师，你要走了为什么不和我们说，我们还想给你办个欢送仪式呢！"我看到他又生气了，心里一慌，赶快为我的考虑不周向他道歉，并解释原因。他听了之后点点头，心情有些低落地离开了。这两件事，我都有责任，事情发生后我心里久久不能平静。尤其是离别没有来得及好好告别，我感觉很对不起学生，心里很愧疚，决定早读再去看他们一眼，和他们好好告个别。

没想到第一次实习竟会有学生被我气到，真是既好笑又暖心。我知道这是因为学生把我当成他们最信任、最亲近的人，我为能得到他们的关心而感到幸福。学生对老师的好是那么直接、那么简单、那么纯粹，我们作为老师又怎能辜负学生的心意？唔，这帮可爱的学生啊！

指导老师评语：

学生时期学生都非常单纯，学生的喜爱也非常纯粹，为师者，我们当珍惜！这次你虽与学生匆匆而别，来日希望你的学生可以有机会与你在大学校园相见，下次相见，你们也许是师生，也许是校友，也许是师门。总之，希望你们以更好的状态再次相聚，再续你们的师生情。

6.4 做学生的好朋友
刘佳音

实习这么久，我体会最深的是这里的学生对我的热情。

为了能在一个安静且不被人打扰的地方复习，我每天都在四楼的一个角落里看书。有一次我忘记了上课时间，由于戴着耳塞，上课铃已经响了十几分钟，我依然无所察觉，而我的学生像往常一样去五楼办公室找我，结果扑了个空。

幸好我的外套穿了好几天，学生爬楼梯时忽然看见我这件标志性的衣服，跑过来扯住我的胳膊问我："上课了老师，你怎么还站在这？"我拔下耳塞才反应过来，场面有些许尴尬。如果换成是我，遇到忘记上课的老师，我可不敢像她这样扯着老师胳膊拖去上课。

我讲完这次的期中考试卷，学生竟笑嘻嘻地问我讨赏，我问他们想要什么，好家伙，原来是早先就探查到我 QQ 上有看视频的记录，所以想要借我的会员看英文电影。他们乐呵呵地不断往讲台上放零食，问我晚上可不可以替刘老师值班，说这样我就可以和他们一起看电影了。一瞬间，我还有点小感动呢。

但那天晚上我没能接替刘老师值班，也就没能看成电影。当晚我在备课，办公室传来敲门声，"老师，我们来找你玩一会儿！"又是这群小孩，笑嘻嘻地进来围着我，聊了一会儿天。突然，办公室的祝老师走进来，故意板着脸，他们便作鸟兽散。我又重新开始备课，心情却是飘飘然轻松似清风。

唔，做个老师还是蛮幸福的！

指导老师评语：

看到你跟学生相处得如此融洽，我觉得我们的社会发生了太大的变化。记得我上中学那会儿，很难见到如此场景。现在我也有学生了，尽管我与你们相差十几岁，却没有一点隔阂。你们也会很开心地跟我开玩笑，这样的氛围很好，我也觉得很幸福，这般幸福就如你现在的体会一样。用心与学生相处，学生在轻松的氛围里可以成长得更优秀。

6.5 踢毽子和小花花

张新宇

这周过得非常充实，每天都有新鲜事发生。我想，如果有贩卖记忆内存卡的,我一定买内存最大的那个,因为每一天都值得纪念。

周一下午高一、高二举办踢毽子比赛,我是4场地的裁判员,负责给10、11、12班的同学计数。看他们踢毽子很有趣。12班有个男生,长得特别高,不知道是不是因为长得高,他的毽子也踢得特别高,然后毽子下落的时间就长,所以他每踢一个,都要抬头看一会儿才能踢下一个。看了让人忍俊不禁。尽管肢体动作看似搞笑,但是他中途没怎么断过,所以成绩还不错。

周五第二节课下课,正好碰到12班的地理课代表。她看到我之后,递给我一朵她刚刚摘下来的花。我既惊喜又高兴,问她:"哇!这是送给我的吗?好漂亮啊!还是心形的。"她点了点头。我笑得很开心,说:"谢谢你,好漂亮呀!"其实,收到花之后,我的感动岂止"亿点点"。

我是个比较感性的人,虽然收到花之后,久久合不拢嘴,但回到办公室,越看那朵花越想哭。因为实习结束,就很难再看到他们了,真不想与他们别离。

指导老师评语:

看到学生踢毽子,你有没有想要一起参与的冲动呢?被学生送花是一件很幸福的事,也许会温暖我们一生。但人有悲欢离合,月有阴晴圆缺,离别是人生不可避免的,我们唯有珍惜。因为,离别是为了更好地重逢。

6.6 运动会的收获
张志洁

今天是学生期盼已久的日子——举行运动会的日子。本来我们几个实习老师安静地做个观众就好,但因为6班班主任外出教研,她走之前把班级交给了我,所以今天我成了6班的代理班主任。

其实我还挺激动,毕竟第一次做班主任,挺新鲜,但又担心自己做不好。没想到学生都很认可我。可能因为我是他们的地理老师吧。组织学生到达操场的指定位置,然后经过一个简单的开幕式,比赛正式拉开序幕。

作为班主任,今天的任务就是守着学生,保证他们的安全,控制好会场的纪律，组织运动员及时去检录，参加比赛，为一些长跑运动员提供葡萄糖等营养补给，用镜头记录他们的精彩瞬间。没想到 6 班班长和体委把比赛安排得井井有条，让我省了不少心，好好看了几场比赛。

令我惊喜的是，6 班的几名运动员身体素质非常好，团体赛方面，1×100 接力赛男子第一名，女子第三名；4×100 接力赛，男子第一名，女子第二名；还有几个单人项目第一。最后，6 班遥遥领先，成为全年级第一。

最令我佩服的是 6 班的运动员。有两个男生，平时在课堂上十分活跃，经常一唱一和，我把他们俩戏称为"哼哈二将"。两人早上先是参加了 100 米和 200 米的短跑，之后又参加了 1500 米长跑和 4×100 米、4×400 米接力，都取得了不错的成绩。

还有，在这次比赛中我也小露了一手，参加了教师职工组 4×100 米的接力赛。本来我们初一组是从来没有拿过冠军的，没想到这次我们竟然拿了第一。6 班学生也是可爱，还用白纸胶带给我们做了一个小横幅，上面写着：地理老师加油！

指导老师评语：

每个人都有优点，需要我们通过不断地观察去发现。发现学生的闪光点，因材施教，每个学生都能成为第一名。

6.7　课外活动促发展

耿康宁

本周我们参加了"春天送你一首诗"朗诵比赛。这是淄博一中的大型活动之一。活动前我们每天花费大量时间排练，中途甚至遇上了撞诗换题的情况，不少实习老师都怨声载道，但最后的效果还是值得称赞的。朗诵活动圆满谢幕，学生的表现很优秀，不同科目的实习老师也熟识了不少。

活动的主持、摄影、灯光，全程由学生来完成。不论是作为观众还是工作人员，学生都各司其职，严肃认真。当灯光暗下来，还能看到坐在高脚凳上操作摄像机的学生正在悠闲地看节目。学校能大胆地放手让学生去负责这样一个大型活动，十分难得。这不仅锻炼了学生的组织、协调能力，还锻炼了学生的沟通能力，陪养了学生的团队意识，使其明白团结合作的重要性。

众所周知，学生的实践力在紧张忙碌的高中阶段很难得到锻炼，但在这次活动中我看到了锻炼学生自主性和学习积极性的极好方式。通过这次活动，一些看似高大上的器材，同学们有了接触、学习的机会；登上舞台，锻炼了他们的舞台接受能力、口语表达能力等；他们自己统筹、安排、主持、参与活动，锻炼了他们的团队协作能力、组织能力等。相比以前的我们，他们更自信，他们敢于站上舞台，敢于在众人面前展现自己。

现如今，社会为教育发展提供了更广阔的平台，也为新一代学生的成长提供了更多契机。通过各项课外活动，促进学生自主全面发展，才能达到"浇花浇根，育人育心"的目的。

指导老师评语：

通过参与团体活动，我们体会到协同工作的重要性，明白了实践的意义。我们应该抓住一切机会，积极沟通，努力提升，与时俱进，这样我们的眼界才会更开阔。

第 7 章

光明似昼
——情感也有力量

惊风飘白日，光景驰西流。我们停留短暂如匆匆过客，回眸亦觉情谊沉沉。

7.1　一把小花伞
张志洁

今天天气很好，没有昨天能把人吹懵的大风。但是到了下午，老天爷突然变了脸。我和刘老师正在餐厅吃饭，天突然暗下来，狂风肆虐，不一会儿大雨倾盆而下，我们被困在了食堂这座"孤岛"上。

眼看自习时间就要到了，有的学生不顾外面的大雨，跑了回去。虽然食堂离教室不远，但是这么大的雨，只要出去就一定会被淋湿，感冒了怎么办。我拦住了一些学生，告诉他们等雨小点再走，但还是有不少学生担心会迟到，奋不顾身地冲进了雨幕中。

果然，夏天的雨来得快，去得也快，没过多久雨势就小了。学生基本都走完了。这时，雨中走来两个撑着小花伞的学生。原来她们是来接我和刘老师的。我们向她们表示感谢之后，她们两个撑一把伞，我和刘老师撑一把伞，一前一后回到了教室。

回到办公室，我觉得很温暖，也觉得在这 4 个月里付出的一切都是值得的。"教师是太阳底下最神圣的职业"，现在我突然对这句话有了更为深刻的理解：教师这个职业之所以神圣，是因为教师都有一颗爱心——热爱学生之心。教师对学生的爱是纯洁的、无私的，不掺杂一丝杂质。学生对教师的爱亦是如此。

印度诗人泰戈尔曾说过:"花的事业是甜蜜的,果实的事业是珍贵的,让我们做叶的事业吧,因为叶总是谦逊地专心地垂着绿荫。"我想,教师所从事的就是叶的事业——平凡而伟大。

指导老师评语:

这把小花伞是你们师生情的信物。经过4个月的相处,你们将自己的时间和情感倾注在学生身上,学生从你们身上看到了不一样的世界,对生活有了新的思考。衷心期望你们的学生可以以校友的身份与你们相聚,那种感觉一定妙不可言。

7.2 平凡而幸福
武玲玲

随着高考结束,中考也近在眼前,这是中考前最后一周了。每天走进办公室,都会被映入眼帘的一束束鲜花深深感动,心情无比愉悦,更是羡慕收到花的老师。

这些花是毕业班的学生送给任课老师的,也有已经毕业的学生送给喜欢的老师的,更有心者,给老师写了长长的信。每个走进办公室的老师都会由衷地称赞一句:"这花儿真美!"

这周我越来越觉得,教育工作就是一个"你若盛开,清风自来"的工作,你是否用心对待学生,学生心中自然清楚。这也让我更加明白,要认真上好每节课,真诚对待每个学生。不仅仅为了学生的感谢,更为了内心深处的那份心安。

我教的课不多,一个学期加起来也就十几节,因此和学生接触的时间并不长。周五由于唐老师临时有事,我帮忙带了两节课。可能因为这段时间的锻炼,我感觉我讲课更加自信了,从自己的音量以及学生跟我的互动中都可以感受到。

下午放学之后,在小区门口,一个女生坐在妈妈的电动车后座上,她的妈妈正在跟朋友讲话。我从她们身旁走过,这个女生抬起手跟我打招呼。我这才意识到,这个女生可能是我教过的学生,我也笑着和她打招呼。由于我接触的学生很少，所以我并不认识她，但这件事让我很开心。或许这就能说明，这个女生还是很喜欢我这个老师的。

在以后的工作中，我会更加热爱工作，以赤诚之心对待学生。

指导老师评语：

教师是一个令人生美的职业，尤其在毕业季，人们会用诸多华丽的辞藻来赞美教师的付出。但我们享受这份荣耀时也必须保持清醒的头脑，因为学生中的佼佼者已经取得了阶段性的胜利，这意味着也有一些学生是失意者。如何让学生科学理性地认识自己，在将来的生活中发挥自己的所长，实现自己的人生价值，是我们为师者需要不断精进的使命。

7.3 鼓励的力量

武玲玲

这周过得十分充实，尽管过程有一点点痛苦。我的实习生活很多时间可以自主安排，为了给自己找点事儿干，我报名参加了师范生从业技能大赛的选拔赛。

周一很快过去了，我对试讲题目还是没有一点儿头绪，我开始有点慌，问了问同学，好多都不想参加，怕耽误考研复习，于是我也开始动摇。但是我又不甘心，于是周二那天，我抱着试一试的心态问了指导老师应该怎么准备。没想到，指导老师直接帮我请了一位高中老师指导我。我这才意识到，只要你愿意请教，老师都很乐意教你。

第一天去找老师请教，我已经做好了心理准备，可能会被全盘否定甚至被质疑大学学了什么。但是我没想到的是，老师说听了我的思路，发现我的水平不低，至少能看出我确确实实是学地理的师范生。老师还特意问我是哪所大学的。听到这些，我真是又惊又喜，没想到会得到老师的肯定，我没有给山东师范大学丢脸。

正是几位老师的耐心指导，给了我更大的前进动力。还有人在前面引导我，我怎么能退缩呢？

我很怕耽误老师们的时间，也不想让老师们失望，所以练了一遍又一遍，终于在周六中午录了一个比较满意的视频。我将视频发给几位老师，下午就得到了老师们的回复，建议我再修改一下，个别语言再精练一些。于是，我又跑学校重录了一遍，感觉比之前更好了。

视频已经交上去了，无论结果怎样，这个过程我收获了很多。感谢在我前进道路上给我鼓励和力量，帮助过我的每一个人，你们都是我生命中的指明灯。

指导老师评语：

很高兴看到你的进步，你的认识向前推进一步，时间就会更加厚爱你一些。你通过积极主动地向他人请教学习，让自己得到了提升，这个过程就是实现自我价值的过程。希望你不断努力，不断精进，取得令自己满意的成绩。

7.4 无心插柳柳成荫

密 华

时光如白驹过隙，转眼实习已接近尾声，我成长了许多，也收获了实习中的第一份感动。

这份感动来自初一14班的一个女生。那天在班里讲完一套题，我告诉学生，这是我给他们上的最后一节课，其他学生都问这问那，只有她坐在第一排的角落低头不语。为了留个纪念，我录了一个全班同学的小视频。走到她身边时，我才发觉情况不对。于是我停止录制，问她怎么了。她的眼睛已经哭红，只说了三个字："舍不得。"其实当时我心中不太敢相信，学生会因为舍不得我离开而悲伤哭泣。我的心仿佛被重锤击中了，努力控制泪水。我对她说："你成长过程中会遇到很多老师的，老师只是你生命中的一个过客。"我这样安慰她，其实也是安慰自己。

那时我甚至不知道她叫什么名字。14班的氛围向来比较沉闷，可是实习即将结束，我才发现在学生的沉闷之下，是一个个乖巧懂事的心灵，所以现在我最舍不得的就是14班。我想，14班的学生同样也最舍不得我。离开教室的时候，几个女生哭着拦住我要拥抱。

下午我到办公室的时候，看到键盘下压着一封信，我打开那封信，难以置信，竟是上午那个女生写的。

全文如下：

我是初一14班的唐莘茹（化名），我想以书信的方式向您表达我对您的喜欢以及喜欢您的原因。

今天中午，我们班主任说："今天这一节课有可能是你们地理老师给你们上的最后一节课了，要好好表现。"听了班主任的话，我的泪水就已经开始打转了，因为我舍不得您。

您第一次来我们班时，我在后面，您可能没有注意到我，但我从您的言谈举止中能看出您是一个温柔的老师。当班主任把我们班的地理课交给您时，我也很开心，因为您很温柔，和蔼可亲，平易近人。您平时对我们也不严厉，也不会让我们罚站，作业也不会布置很多，360°看您您都是温柔的。

我的地理成绩并不是很好，与其说我记不住或忘了，不如说我没用心吧。我背不出知识点，您总会温柔地说："你再背背吧！"以前上地理课总是提心吊胆，怕罚站罚写，现在不怕了，是您的温柔让我的心不再紧绷。今后，无论何时何地，我都会更加努力地学习！

我喜欢您也不仅仅因为您温柔，也许是心灵的感应，让我喜欢您。

您说我会遇到很多老师，但我觉得，即使这样，总会有一个记忆深刻的老师留在心底。小学时，我对我的班主任就没有多深的感情，她走时，我也没有流泪，即使很多人都哭了。我觉得，忘记您是不可能的，所以我忍不住流下了眼泪。虽然舍不得您，但是我明白，您也是身不由己。您要回去上大学了，我们还可以靠别的方式沟通。我们永远爱您！

最后我想说：老师，您辛苦了！感谢您这几个月对我的谆谆教诲，我无以为报，但我永生难忘！

信中，她又提到我上午说过的话，她说即使会遇到很多老师，也总有一个印象深刻的老师她永远忘不了。学生的话语稚嫩而真诚，满满两页纸，近八百字，我不知道一个六年级的学生是怎么在上午放学到下午上课前写出来的。她是否牺牲了午休时间？她下午精神怎么样？我不得而知。

这封信的一笔一画都透露着不舍与真诚，令我心头一颤，这样一份珍贵的情感，居然被我忽略了几个月，悲伤的是，刚发现就要离别。

为了表达我的珍惜，我也给她回了一封信：

莘茹（化名），你好，看到你的信和离别的眼泪，老师也很有感触，这对老师而言是最珍贵的送别礼物。

老师在大三这一年实习，期间经历各种巧合转折，才来到你们学校，恰好成了你的老师。我们在这段时间里相遇，这本身就是天大的缘分，是一件幸运的事，老师希望你记得的都是那些高兴的事。

老师说过不止一次，你们是我带的第一届学生，本身就有不同的意义。而你是老师职业生涯中收获的第一份感动，我会永远珍藏你的真心与来信，也会一直记得你的名字。

你是一个乖巧懂事的学生，老师希望你以后能够学会善于表达自己，不论在学习还是生活中，都要做一个自信阳光的女孩。

祝学业有成，前程似锦！

我知道我以后或许还会遇到很多这样的学生，但是在我实习期间，在我和他们一起成长的这段过程中，收获这份无心插柳柳成荫的感动，对于我来说，尤为珍贵。

指导老师评语：

教学确实是一个以心换心的活动，你用心对待学生，学生就会从你的语言中感受到力量，从你的眼神中得到鼓励，他们会将这份肯定铭记于心，在学习和生活中慢慢改变。有时我们在学生心中是很重要的存在，只是我们不知道而已。

7.5 奖励的糖果格外甜

武玲玲

这周主要是在考试中度过的,周一、周二监考,周三阅卷,周四、周五讲评试卷,分析成绩。按部就班的生活,会让人感觉枯燥乏味,这时,一点小惊喜就会让生活变得不一样。

周五中午的时候,焦老师让我帮忙买100个棒棒糖,分成两份。不用猜也知道,这是焦老师给她班学生的小奖励。当我拿着糖站在班级门口时,看到我的学生都不约而同地"哇喔",喜悦之情溢于言表,脸上的笑容十分灿烂。可能这就是奖励的力量吧。其实学生喜欢的并不是小小的棒棒糖,而是老师的认可和鼓励。他们用自己的努力和成绩赢得了一份骄傲。

我去送糖的时候,刚好是下课时间,走廊里有很多其他班的学生,问我这是什么情况。当得知这是焦老师给她班学生的奖励时,我能明显感受到,他们的神情从一开始的期待和好奇变成了失落。

现在想想,上中学的时候,老师给我的小奖品有很多已经找不到了,但是收到小奖品时的那种喜悦之情以及满足感和成就感我至今记忆犹新。作为学生,可能需要的从来不是什么奖品,而是被认可、被鼓励、被赞赏,而这些又会转化成一种强大的力量,促使他们继续前进。

我想,焦老师带的学生在以后的学习中也许会更加努力,取得更好的成绩;他们也许会永远记得在八年级的时候,因为地理取得了好成绩,全班都受到焦老师的奖励。这是对他们努力的一种肯定,也是一种荣誉。

指导老师评语:

是的,其实每个人的努力都需要适时地利用正反馈来激发和强化。就像3岁小孩学轮滑一样,教练每次都会带一些小糖果,当孩子取得进步时就会适时地为其竖起大拇指,下课时为孩子送上小糖果作为奖励,孩子非常开心。我们的学生何尝不是如此。

第 8 章

未来可期
——顶峰再相见

相聚的日子总是短暂，我们的实习也接近尾声。当我们回首往事，相信这段美好的实习经历会为我们的大学生活画上浓墨重彩的一笔。

8.1　成为更好的自己
范子语

不知不觉实习时间已过大半，三月来时光秃秃的大树不知何时已枝繁叶茂，操场上蹦蹦跳跳的学生好像比几个月前长高了一些，但看到他们稚嫩的小脸又好像没有什么变化。翻开实习日志，每天的工作记录和心情都跃然于上，在沂源四中实习的点点滴滴我都铭记于心。在沂源四中实习的日子里，我不仅收获了老师和同学们的真挚感情，还得到了能力与心理的双重提升。

这里的学生真诚淳朴，下课经常会到我办公室，像可爱的小鸟一样叽叽喳喳地和我分享班级里的趣事；或者偷偷在我办公桌上放些小零食；有时在校园里相遇，他们会大声地喊完"老师好"后飞速跑走……每天的实习生活简单朴素而又充满乐趣。

这里的老师和蔼可亲，他们像长辈一样引导我如何与学生相处，如何把握课堂节奏；也会像家人一样关心我在这里的生活，帮我解决生活上的困难。

真正成为老师才知道，做老师面临的挑战非常多，不只是简简单单上课那么轻松。每一堂课开始之前都要认真做准备，除了写教案以及制作PPT以外，还要浏览大量的习题，从中总结出常考的知识点，作为课上的重点讲解内容。每天还要考虑如何给学生布置适度的作业。作业布置是门学问，需要简捷有效，而不是无谓地浪费学生时间。作业布置不仅要对作业的量有所把控，还要对质进行严格把关，这样才能让作业成为学生的助力而不是负担。

初中的孩子满脑子都是鬼点子，动不动就会给老师出难题。整天与学生斗智斗勇，我也总结出了一套应对方法。在与学生的朝夕相处中，我体会了教学相长的奥妙所在。

通过实习，我蜕去了初来时的青涩与紧张，现在的我面对课堂成竹在胸，即便突然紧急调课，下一节课就要冲锋上阵，我也能泰然处之。而这一切，都要感谢本学期在沂源四中稳扎稳打的历练，以及那么多可爱的学生、优秀的老师的陪伴。通过这段时间的实习，我初尝身为一名教师的酸甜苦辣，也更能体会当一名教师所肩负的责任与使命。

在今后的教学中，我会不断地践行与反思，争取做一个有理想信念、有道德情操、有扎实知识、有仁爱之心的好老师。

指导老师评语：

在与学生的朝夕相处中，学生发现了你的用心，同时你也发现了学生的可爱之处，这为课堂顺利开展奠定了基础。一名优秀的教师不仅要上课好，更重要的是要知行合一，这样才能让学生感受到教师的人格魅力，对教师这份职业充满敬意。

8.2 "实"有所获

张志洁

走过春季的繁花盛开与夏日的硕果累累，我们在沂源三中的实习生活也接近尾声。和实习学校的老师、同学朝夕相处，我收获很多，也明白了教师身上所肩负的责任与使命。

在教学方面，我最大的感受就是，真正的课堂与我们在学校所参加的微格教学有天壤之别。教学是围绕学生展开的，只有学生愿意听，学生能听明白的一节课，才算是好课。不然，就算你讲得天花乱坠，设计的互动环节精妙无比，如果不适合学生，那也只是一纸空谈而已。因此，我会花大量时间来备课。首先就是分析学情。他们有哪些知识储备，思考方法是怎样的；其次是教学设计。这节课应该围绕一个什么情景或者线索展开，具体怎样编排；再次就是课件制作，一定要重点突出、简洁美观。在上课之前我会先演练两到三次，看看是否有不合理的地方需要进一步修改。我还积极去观摩学习指导老师授课，学习老师讲课的思路与方法，特别是地理组听评课、集体备课等活动，让我受益良多。

在课堂管理方面，过了最初的一周，班级的纪律问题越来越突出。有时一节课要强调好几次纪律问题，严重干扰了上课进度和我上课的思路。有老师建议我采取一些强制性的措施，比如罚站、罚抄作业等。诚然，这样能勉强维持上课秩序，但是加深了学生与教师之间的隔阂，不利于形成民主平等的师生关系。后来我通过划分小组，利用小组累计得分让他们形成一种良性竞争关系。我还找到几个"刺头"谈心，与他们约法三章，班级纪律改善了很多。

校运动会期间我还担任了六年级6班的班主任。经过一段时间的相处，我对本班同学已经有了一个大致的了解。在此期间，我积极动员学生参加运动会，并带头筹划相关事宜。运动会当天我和学生拍了很多比赛的照片，而我自己也代表初一年级组参加了接力赛，同学们拿着他们制作的简易横幅为我加油，让我感到十分欣慰。班主任的工作非常琐碎，检查每天的体温测量、早读、晚读、两次课间操、中午陪餐、卫生区清洁以及校服着装情况，一周还有两天宿舍查寝值班。此外，还需要敏锐地感知学生的身心状况，做好谈话开导、请假等工作。

回顾实习这段时间，尽管很累，但也很充实！

指导老师评语：

"没有调查就没有发言权"，课堂讲授内容必须与学生的基础相适应才能取得预想的效果。中学生与大学生的认知水平和学习环境存在较大的差异，因而需要遵循循序渐进的原则，遵从学生身心发展的基本规律。

8.3　孩子们，记得想我

耿康宁

收到学校的返校通知，我突然有些恍惚，回忆近百天的实习，感触良多。

从一开始带着迷茫迈入高一地理组，到现在能轻松自然地与班上的同学打招呼，自然地进入办公室开始一天的学习与工作，与老师交流班级的纪律、卫生、学习、趣闻；从一开始站上讲台紧张到说不出话、脸红、尴尬、懊悔，到现在能侃侃而谈、讲解知识、提问问题甚至与学生打趣儿。百天实习我确实进步很大，从一个只会理论的学生，逐渐成长为在课堂上独当一面的教师。正是这次实践，才使我更加了解一线的教育情况。只有真正走上讲台，才能真切地领悟教育的真谛。

学生是有血有肉有感情的。与在校实习的同学交流时，我们一致认为，学生能辨别出老师对他们的态度与评价。你对教学的激情，你对不同成绩、不同性格、不同学生的态度，你对他们的好恶，学生都能感受得到。在与伙伴们闲谈中经常会听到某某班同学对老师扔书或是开口大骂的事情，但我和伙伴们却从未遇到过这样的情况。有的实习老师顶岗教学，一天安排五节课之多，最后实在讲不动的时候，平时闹腾的学生还会劝他坐下来讲。这正是我们的真诚被他们感受到后收到的回应。

百天实习，身在校园，朝夕相处，每一次与学生的交流都让我深刻地明白，教学是真心换真心的过程，教师是以真心换真心的职业。默默地处理完办公室的物品，安静地打扫完卫生，悄悄地路过班级，最后看一眼安静自习的学生，我在心里默念着："孩子们，记得想我。"

指导老师评语：

通过实习，你实现了人生的一次蜕变。在与学生的相处中你获得了学生的真心相待，付出了汗水收获了学生的信任。学生是有思想的，对我们给予的情感有自己的反馈方式。我们要包容来自学生的各种反响，学会享受与学生相处的高光时刻，同时也要接纳偶尔的失落。

8.4　是该说别离了
徐晓倩

这是我在淄博五中实习的最后一周。坐在电脑前，写下这句话，我突然有些怅然若失……

"本周我们确定6月22日返校！"看到消息的那一瞬间，我脑海里浮现的都是学生的笑容和身影，想到以后再也看不到他们，有种深深的失落感。在实习的这段时间，虽然住宿条件艰苦了些，但是时间久了适应下来，却学会了苦中作乐。因为在学校里，在办公室里，在班里，总有值得开心的事情发生，让我觉得每天的实习生活是那样美好。

尽管不舍，但作为大学生，必须要对自己的未来负责，在完成学业的同时还要规划好未来。想到这里，我调整好心情，决定为学生上完最后一课，做好最后的收尾工作。

来也匆匆，去也匆匆。班主任听说我今天要走，特地来到班里，陪我向人家告别。之后，我和全班同学一起在教学楼门口合影。我站在最中间，我听见同学们齐声喊："徐老师最美！希望徐老师以后能找到一个帅气又多金的男朋友！"他们很可爱，阳光、活泼又重情义。他们深情的告别和美好的祝福，是我实习中最珍贵的回忆。

22日这天，天气炎热，张老师肩扛手提，帮我们搬沉重的行李，汗水顺着老师的额头往下流。感谢张老师为我们解决了这些麻烦！搬完行李，张老师还记得要和办公室老师合影的约定。很高兴，再次看到老师们聚首的场景。这几位老师都是我很尊敬和崇拜的老师，也是我学习的榜样，此刻看到他们愉快地交谈，我在一旁看着也很开心。我们去马耀南先生雕像前合影留念，每个人的眼里都充满对未来的期待，脸上洋溢着幸福的微笑。

返校的途中，我迟迟睡不着，一遍遍地翻看手机里的合影。感谢这次实习，感谢张军龙老师，感谢实习学校的老师们。相信这段时光将会是我人生中一笔宝贵的财富。

指导老师评语：

你们匆匆地来，匆匆地走，虽说没有带走一片云彩，却在这段时间获得了很大的提升。你以教师的身份登上讲台，有了自己的第一批学生，收获了学生的喜爱，得到了年长同事的爱护和指导。尽管这不是生活的全部，但也足以让你品尝生活的部分滋味。未来的路还很长，愿你不负时光、不负自己。

8.5 以感恩之心告别
刘玟雨

从3月16日到达海阳四中到实习结束，感觉就像做梦一样，时间过得真快！

感谢海阳四中高二5班、高二7班的同学们，谢谢他们包容我的不成熟，允许我犯错。同学们上课都非常配合我，让我在讲台上收获了自信。很荣幸在这段时间和大家共同成长。

感谢海阳四中的老师们：认真负责的张老师，仔细指导我上课的荆老师，在办公室经常照顾我的纪老师，还有幽默风趣的丁老师和薛老师，以及我实习班级的原班主任陈老师。老师们的教学和办公以及日常生活，让我知道了原来中学老师可以过得如此丰富多彩，也让我看到了师生间交往的最好状态应该是什么样子的。

感谢从山师不远千里来看我们的张老师，谢谢张老师对我的耐心指导。在张老师的鼓励下我收获了自信，发现原来自己也可以在课堂上绽放出不一样的光芒。

实习生活虽然已经结束，但我们的生活还在继续，我会带着老师们的期盼和同学们的祝福不断学习，不断成长。

指导老师评语：

实习的这段日子，除了感谢可亲可敬的老师和纯真可爱的学生，你更应该感谢心怀感恩，不断努力的自己。

8.6　尽兴而归，未来可期

王伟鸿

终于还是到了要离开的这天。4个月的实习生活，仿佛就在昨天。我与指导老师、学生以及同学朝夕相处，共同成长，这样的时光真实而美好。

4个月的时光，漫长又充实，经历了很多也成长了很多，心头有千言万语却不知从何落笔，那就好好告个别吧。

虽然我的实习学校比较偏僻，条件艰苦，但是学校已经尽力把最好的宿舍、最优秀的老师分配给了我们，对我们关怀备至，能成为四中的一名实习生是我的荣幸。在学校的最后几天，我们也代表学院带队老师张老师向学校领导表达了最真挚的感谢。

还有四中的指导老师们。感谢我的指导老师宋老师，她总担心给我安排的任务过重，总是为我考虑；在教学方面也给了我很多建设性的意见。感谢我们办公室可爱的梁主任，他总会关心地询问我们在办公室是否适应，需不需要添桌椅。感谢我的指导班主任陶老师，从陶老师身上我看到了一个年轻、负责任、有方法的班主任，并且跟她学到了许多管理班级的方法以及与学生相处的技巧；她总是鼓励我走进班级与学生交流，充分了解学生。还要感谢田阿姨。田阿姨是我爸爸的前同事，自从来到学校，田阿姨对我照顾有加，是一个特别可爱的人，跟她聊天感觉很轻松。离开那天，我来到办公室和朝夕相处的老师一一道别，心里思绪万千。是他们，让我在四中感受到了温暖，收获了成长。午饭后，宋老师来到我们宿舍，与我道别，说来年有了好消息一定要告诉她，她会替我感到高兴。何其幸运，遇到这么多好老师。

因为实习，我认识了张军龙老师。不了解的人可能想象不到张老师有多认真、多负责。我相信，张老师带过的学生一定有一种强烈的归属感。只要是张老师的学生，他一定会把你当作"自己人"一样看待，给你最好的资源和最科学的建议。有时我们或许不理解张老师这份强烈的责任心，但当我们回头看时会发现，他的负责任给我们带来的是真正的宝藏。作为大学的一线教师，张老师对教学有独到的见解，他给我们提的问题总是一针见血,跟他交流过后总是会有"柳暗花明又一村"的感觉。

最后,我要感谢我调皮又可爱的学生。从我踏入教室的第一天起,他们便毫不掩饰对我的喜欢,课堂上也总是积极主动、认真好学。虽然总有那么几个"顽固分子",但是他们的配合给了我登上讲台的信心,是他们的赞美给了我信心和勇气。道别,总要有点仪式感。我带着给他们准备的礼物来到教室。不同以往,沉默代替了欢呼声。"老师给你们带了好吃的。"还是沉默。过了一会儿,终于有同学打破了沉默:"老师,你要走了吗?不回来了吗?"我故作轻松:"对呀,老师还要上学。"在见学生之前,我没想到我会如此不舍,这段时间的相互陪伴、相互鼓励好像又浮现在脑海。最后一次以一名老师的身份面对我的学生,我祝他们在高考中能交出令自己满意的答卷,他们也纷纷祝愿我考研顺利。各自努力,高处自会相见。我希望我的学生都可以考入自己心仪的大学,看遍人间繁华。我也希望,我可以成为他们的榜样。

4个月,感谢相遇,感谢陪伴!再见啦,四中!再见啦,亲爱的老师和可爱的同学们!再见啦,我的教师身份!我会带着实习的快乐与感动继续坚定勇敢地走下去!期待我的好消息吧!

指导老师评语:

这段时间不长不短,刚好合适。我相信会有学生因为舍不得你而哭泣,同时永远封存这段美好回忆,以这段时光为力量,努力实现自己的小目标。有幸在莱阳的天空下见证你们的成长,希望你们在接下来的旅程中不畏艰险,奋力拼搏,早日达成所愿!

第二部分

实习日记(节选)

我们会永远铭记这段美好时光,我们相信,这段发光发亮的日子会是伴随我们一生的财富。

张志洁日记(节选)

2021. 03. 17

今天上早课的时候,我发现学生一个个困得都抬不起头,就像霜打的茄子一样,教室里死气沉沉。

记得刚来这所学校时,看到作息表,我大为吃惊。早上5:30上第一节课,上午一共六节课,11:45吃午饭。下午1:55上第一节课,5点多吃完饭,再上晚自习,一直到8:40。一天12节正课,除此之外还有3节语数外的自习,一共是15节。这比我们上学时的作息时间还要紧凑,堪比我们高三的地狱模式……现在从中学开始就这么累了吗?这样的学习强度学生受得了吗?一群六年级的孩子,背负如此繁重的课业压力,真让人心疼。

我上初中的时候,每天的休息时间和自习时间都很充裕,有时还能画个画,或者和朋友在偌大的校园里逛逛。虽然那时候学习压力也很大,但许多像我一样普通的初中生还是很快乐的。为什么现在的初中生压力那么大呢?主要原因是升学造成的。学生为了重点高中的名额挤破头,学校为了提高升学率,利用题海战术将学生变成学习的奴隶和无情的应试机器。学习,这件本该充满探索乐趣的事,变成压得学生无法喘息的大山,严重压制了他们学习的兴趣和热情。

根本原因是"学位歧视"。在当今社会环境下,如果你拥有了名校的毕业证,相当于拥有了一张高薪职位的通行证。换句话说就是,现在学生的学习已经与将来的就业、收入、婚姻甚至社会地位直接挂钩。这种环境下,学生学习的目标不再是探索自然奥秘,而是变成了寻找财富的密码。所以,明知高考是千军万马过独木桥,路上有许多艰难险阻,却还是一拥而上，义无反顾。因此，现在的学生学习压力特别大。

2021.03.18

今天下午，我与指导老师联系好去听课。

我听的是初三毕业班的一节复习课。由于我是第一次听这种类型的课，也不知道应该注意些什么，只能先做一个忠实的记录者，记录下整节课的讲课流程，再将一些教学方法与自己的想法记录在另一侧。课后我又整理了一下，感觉收获颇丰。

指导老师杜老师安排的复习内容很紧凑，一节课满满的干货，学生学习热情也很高。课下杜老师告诉我，这个班是重点班，学生生源质量很好，还可能是复习课的原因。杜老师对一个专题下的知识运用了大量的区域横向对比来深化这个知识点，有效地培养了学生对地理环境整体性以及区域地理学习方法的认知。

当然，这种优质的教学方法离不开老师的专业能力和辛苦付出，包括复习进度安排、课堂教学思路、PPT 设计以及课后练习等。以前我以为当老师不过是写写教学设计、讲讲课就可以了，现在才发现，原来当一名老师并不像我们想象的那样简单。当一名老师不仅要教好课，还要观察学生的情绪变化、学习态度、学习方法等，时刻关注学生的一切，为学生保驾护航，使学生能安心学习，提高学习成绩，走向更好的未来。

教师真是一个育人的无私职业啊！

2021.03.23

今天地理教研员来考察，我们也要去听课和评课。

我又听了一节杜老师的课，发现每节课都有不一样的收获。我听课的时候先将杜老师的讲课结构记录下来，然后在一旁写下自己的感想。比如杜老师所用的教学方法哪些是值得我借鉴的，师生之间氛围怎么样，应该怎样实现高效的师生互动。除此之外，我还记录了一些我觉得需要改进的地方，等我们第三节评课的时候讨论。

这次听评课收获还是挺大的。首先是知识内在的逻辑性问题。初中区域地理知识比较多、比较杂，如果没有一条线将它们串联起来，不利于学生认识这个区域的具体情况。所以，教师可以利用地理学的整体性，也就是地理事物之间的联系将它们串联起来。比如讲俄罗斯时，先从纬度位置入手，再分析纬度位置对该国气候的影响。然后再讲地形区，气候与地形共同作用，影响了俄罗斯的河流分布以及水位特征。最后拓展一下，在气候、地形、河流共同影响下形成沼泽。这样整个课堂的逻辑性就比较明确了。

其次，设计问题的时候，方向性和指向性一定要明确，要体现应有的思维和逻辑，具体表现在认识区域的步骤。在设计导学案时，不能将问题设置得太宽泛，否则学生虽然有知识储备，但是问题缺乏指向性，涉及知识面太大，反而无从下手。

在提问环节，我向教研员提出了疑问：怎样在保证学生掌握基础知识的前提下，让学生对地理知识产生兴趣呢？教研员给出了三点建议：（1）提倡情景化教学。设计一些具体的情景，让学生有代入感，自然就会引起学生的兴趣。（2）多提一些有意义的问题。教师可以研究一些时事，发掘其中有价值的地理信息，将其作为材料应用到地理教学中，贴近生活，引起兴趣。（3）教师的教学风格对学生也有很大的影响。教学风格幽默、课堂氛围轻松活泼的老师会更受欢迎。

2021.03.24

昨天的教研活动提到了"边缘化学生"一词，教研员将边缘化学生定义为学习成绩处在 C 线的学生。边缘化学生，真的是指学习成绩在 C 线边缘徘徊的学生吗？为此，我通过阅读几位一线教师的文献，大概了解了"边缘化"的定义。

边缘化是指人或事物不被关注，被人淡忘的意思。在班级中，他们是非观念模糊，行为习惯不良；求知欲低，学习态度不端正，学习能力低；自卑感强，意志力薄弱，性情急躁，逐渐远离班集体主流，不被教育者和教育参与者关注和认同，在班级中被排斥、被贬损，逐步形成一个不被接纳的边缘群体，最终被称为"边缘化学生"。

造成学生边缘化的原因有很多，家庭压力、人际交往、学习成绩、智力因素……那么，作为一名教师，应该如何帮助这些学生呢？

第一，放大闪光点，促使学生改变。尺有所短，寸有所长。任何学生，只要你留心观察，总能在他们身上找到闪光点。记得我上初中时，班级就有几个"边缘化学生"，对学习已经是临近放弃的状态。他们上课的时候无所事事，特别好动，遵守课堂纪律对他们来说是一种煎熬。我的指导班主任苑老师班就有这么一个"问题学生",不但上课违反纪律,而且喜欢拉帮结派,"江湖气"很重。有一次体测时苑老师发现这个学生的身体素质很好,于是他和这位学生沟通后,建议他报考高中的时候选择体育特长生。这位原本考不上高中的同学自此找到了奋斗目标,不但考上了高中,而且最终被鲁东大学的体育专业录取,现在正在为成为一名体育老师而努力。

第二,与家长联合,共同促进学生进步。学生为什么会养成一些不良的习惯?家庭对学生的影响不容忽视。父母是学生的第一任老师,与家长多沟通、多交流,有助于找到学生问题的症结所在,对症下药。此外,还要与家长协调一致,帮助学生养成良好的行为习惯。如果家校在学生的培养中相互割裂,教育效果会大打折扣。

2021.03.25

今天连上五节课,我感觉力气已经被抽空。第五节课的时候,声音开始嘶哑,精神也不如前几节课了。这时,我发现原本非常活跃的5班学生也变得无精打采。下课后我想了想,应该是我疲倦的情绪影响了他们。我不禁想,情绪也会传染吗?

经过查阅资料我发现,情绪确实会"传染",心理学上称为"镜像效应"。在人类的大脑中,普遍存在一种镜像神经元。镜像神经系统不但能对行为产生镜像反应,而且对人的面部表情和情绪也会产生镜像反应。这或许就是情绪会"传染"的原因。比如:当我们看到面露凶相的人,我们会感到恐惧;当我们看到开怀大笑的人,我们会感到心情愉悦。由此可见,人们可以从幸福的人身上"传染"到快乐,而身处压抑的环境则更容易使人抑郁。

如果教师在生活中遇到一些糟糕的事,心情不好,并将这些负面情绪带到了课堂上,学生的情绪也会受到很大影响,学习的积极性、学习效率都会下降,最终导致班级学习成绩下降,教师的心情更不好……如此便形成一个恶性循环。所以,教师要学会自我调适,学会合理宣泄自己的情绪,而不是将这些负面情绪带到课堂上甚至发泄到学生身上。

2021.03.27

学生昨天考完试,我和刘老师却没有松一口气,因为接下来是阅卷时间。其实我们还挺紧张的，因为这次考试不仅考验学生，也是在考验我们。

没想到今天明明周六了，我俩又接到学校指派的任务——口语考试监考。没办法，只能一边监考，一边批卷。

批第一考场的卷子时，我感觉我比考试的学生还紧张。第一份卷子是年级第一名学生的卷子，刚看完我心里就咯噔一下，这孩子怎么错了八道选择题！这样一来，不仅无缘90分，考80分都很困难。然后看了看后面，果然，考了72分。我和刘老师都很诧异，不太能接受这个现实。考试题目大部分是我上课讲过的，主要考查基础知识，没有很难很偏的题，为什么成绩不理想呢？我开始反思自己的教学方式。每节课都要用到PPT，PPT内容和课本也较为贴合，而且我每节课都会给学生写板书，构建知识体系。再者，我担心他们课下不会去背知识点，便在课堂进度允许的情况下，尽量让他们在课堂上记忆。但结果是，大部分学生仍写不出那些我在课堂上反复强调的重点知识。

随即我又陷入深深的忧虑中：这样不会打击他们的学习积极性吧！他们会不会觉得地理知识太难，对地理产生畏惧心理，失去对地理学习的信心……

本来可以放松的晚上，我辗转难眠，最后想出一个折中的法子，那就是成绩和培养能力的相互妥协。他们地理课时较少，所以要在课堂上及时巩固基础知识。因为他们平时课下时间太紧张，自己整理重点几乎不现实，所以我在考虑给学生整理一个重点复习提纲，让他们可以迅速抓牢重点。在此基础上，再增加一些图表、资料解读训练，帮助他们提升。

教学是一个循序渐进的过程，我和刘老师还在针对学生的具体情况，不断改进我们的教学方法，希望能找到一个最适合学生的教学方法。

2021.03.29

上周的月考，我不知道对学生造成多大的打击，但我的自信心着实备受打击。

早上要去给他们上课，我实在不知道该如何面对他们。我是应该借题发挥，狠狠批评他们呢，还是应该给予他们鼓励，让他们不要放弃地理学习呢？最终，我权衡之后，走进教室。

学生看到我拿着试卷，非常紧张，加上他们考得怎么样心里也有数，大部分学生在底下窃窃私语，也有几个平时比较活跃的，大胆地问："老师，我们考得怎么样呀？"

我深知此刻不可以发火，于是把卷子交给课代表，让他分发下去。

"大家拿到自己的卷子后，先看一下自己的错题，今天这节课我们来讲一下这张试卷。在开始讲之前，我先说一下大家的考试情况，咱们班这次考得确实不理想。大家看一下自己的卷子，上面考的都是我们学过的知识，很多知识点我们上课都给时间记了，为什么还是记不住呢？这次考试给了我们一次警示，说明我们的学习方法出了问题。接下来的时间，我会加强你们对于知识点的记忆与深化，巩固学过的基础知识，争取在期中考试中取得进步。"

同学们低着头，不说话。

我接着说："同学们，不要因为一次考试就丧失对地理学习的信心。这册的地理知识相对于上册来说没有那么难理解，但是需要你们多花时间背诵记忆，大家上课的时候一定要专心听讲，能上课记住的就上课记住，课下也要多花点心思记忆，这样我们学的知识才不会忘。"

同学们看起来似懂非懂，有的同学点了点头，尤其是我的地理课代表，因为他这次考得不是很理想，表情还有点悲痛。我用一节半课的时间讲完了这张卷子。

2021.04.01

今天在办公室听到一件事，让我对教师这个职业产生了一丝惧怕心理。

一位班主任接到学生家长的电话，电话那头的家长咄咄逼人，一直在逼问班主任是哪个孩子把她的孩子绊倒了。最后甚至还说了一句："那按老师你的意思，我儿子被绊倒就是活该呗。"这位家长的话，让我对处理与家长的关系产生了一种深深的忧虑。

那么应该如何处理这种情况呢？

首先，我们应该尽量避免误会，弄清楚家长是不是真的"不讲理"。家长往往是听了学生的"申诉"才会找老师，而学生的认知非常有限，所以学生对事件的描述与事实可能有出入，甚至有可能说谎。这样家长了解的情况可能就不真实，存在很大的偏差。在这种情况下，老师可以调查清楚事实，先向家长说明事情的来龙去脉，让家长自行判断。在事实面前，家长态度可能就会转变，从而"讲道理"。

其次，弄清楚是否因老师失误，有失公允，导致家长咄咄逼人。如果确实是老师的失误，老师应该正视和承认自己的错误，并对所造成的损失加以弥补。绝对不能因为所谓的"面子"死不承认，这不仅有损老师的私德，而且还会给教师这个群体抹黑。

再次，如果这个家长真的"不讲理"，老师怎样解释都没有用，这时就需要所在学校的相关领导出面协调。一定不要与学生家长争吵或是产生肢体冲突。

另外，事情发生后，教师不应该对这个学生产生偏见，而应该用宽阔的胸襟包容他，用自己的实际行动感化他。

2021.04.05

6班班主任宋老师接到教研任务外出了，我成了6班的代理班主任。恰逢今天运动会，我与同学们一起参加了运动会。

6班是我教的班级里最活跃的一个班，我已经和这个班的同学相处快1个月了，班里同学的大致情况我也已经了解。但是这次比赛还是出乎我的意料，大家竟然表现这么好，获得了年级冠军、全校亚军的好成绩。

然而，正当大家沉浸在喜悦中时，意外却发生了。翟同学去树底下乘凉的时候不小心把头皮划破了。我心里咯噔一下，随即上前查看翟同学的情况：一道浅浅的红痕，虽然不深，但是也有丝丝血珠冒出。我先把6班托付给5班班主任，然后领着翟同学去医务室消毒。我问校医伤口严重不，校医说没事，两三天就好了。我忐忑的心这才放下来。

2021.04.13

今天，我第一次严厉地批评了学生。

我们布置作业不是很多，做不完或者不会，空着也情有可原，但是有三个同学作业一个字都没写，这就是学习态度出现了问题。

我把他们叫到办公室，三个同学有两个低着头，似有羞愧状，不敢看我。还有一个感觉已经是办公室的常客，熟门熟路，完全无所谓了。我问他们："为什么没做作业？"他们三个都不说话。我又问了一遍："是在学习上遇到什么困难了吗？告诉老师，老师才能想办法和你们一起解决。"

那个低着头的女生说话了:"不会做。"我说:"咱们这个区域地理只要上课好好听讲,好好记笔记,一般都没有问题。这本书知识理解比较少,多数是靠记忆,实在不会也可以翻开课本找一找,课本上基本都有答案。"我翻开一道题:"你看,就像这个地方,考查中东这几个国家的名称,看到课本的中东区域图,对比一下很容易就能找出来,之后再稍加记忆,这个知识点肯定能掌握。"他们点点头。接着我又问:"下次能不能完成作业?"他们又点点头。我又说:"即使有不会的题,也要做一下,把自己会做的题先解决掉,上课的时候再重点听自己不会的地方。你们三个的名单我先留着,下次我一定会查你们的作业。"

关于作业,还有一个问题,就是搜答案。上次我在班里强调过不准用手机搜答案,可是依然屡禁不止。这件事让我在6班发了一次火。因为是抽查的,只有那几个同学,所以大家都知道是谁。那几位同学低着头,我突然意识到这件事处理得有点欠妥。课后,我回办公室反思了一下自己的做法,感觉确实欠妥。所以,在另一个班里我换了一种批评方式,将批评改为建议:"我看过咱班的作业,其实不只咱班,每个班都有这种现象,就是搜答案。其实老师是不支持搜答案的,直接抄答案,没有思考过程,也不知道自己哪里不会,这样就没有意义了。所以,如果大家以后非要搜答案,一定先思考一下,不论自己见解正确与否,都写一下,然后将搜到的答案写在其他地方,把这个题做好标记,听课的时候侧重于自己不会的题。大家清楚了吗?"同学们纷纷表示同意。

我从这次作业事件中吸取了教训——身为教师一定要注意语言艺术。

2021. 04. 15

今天在5班上复习课,5班的播放设备又坏了,所以我只能临场发挥。我还记得一位教过我的地理老师,他从来没用过PPT,上课从不带课本,就拿着报纸和几根五颜六色的粉笔进教室。他一般会提前2—3分钟到教室,然后大手一挥,左边一幅世界地图,右边一幅区域地图,接着开始讲课。讲得行云流水、分毫不差,我怀疑课本上的每一个字他都知道。正是他,激发了我对地理学习的兴趣。所以,我今天也追随恩师的脚步,做了个大胆的尝试——画地图。

我先是让学生看课本上的地形图,复习回顾一下日本的位置、组成、地形特征，同时在这2分钟里，我快速地画了一幅日本地图，然后让学生回答。

这是我第一次画地图，尽管课下只练了几遍，但是画完后自我感觉相当不错，学生能认出具体的位置，回答的正确率还可以。教师能熟练地手绘地图，可以起到其他教学工具不可替代的作用，也更能引起学生的学习兴趣。所以，教师的个人魅力也是引起学生学习兴趣的一个重要因素。

2021.04.16

4班有个"刺头"，令我十分头疼。上课时，不仅自己不听课，还总是发出一些奇怪的声音，故意干扰老师和同学。有时还会在课堂上问一些与课堂无关的问题，打断老师讲课。

我刚来的时候，看到这个高高壮壮的小男孩站在外面，挺老实的，还不太明白老师为什么要把他赶出来。直到1个月过去，我和同学们渐渐熟悉了，这个小男孩"魔鬼"的一面暴露出来，我才明白他为什么被赶出来。

刚开始，我觉得这个学生思维开阔，是那种很聪明的小孩。但他的成绩却是班里倒数。前几个星期我对他关注还挺多的，还一直期望他能把地理学好，因此时常指导他、提问他。刚开始他破坏纪律，提醒他一下也就老实了，有时还能帮忙维持纪律。看他的体格，应该是班里武力值很高的那种男生，我感觉班里其他小孩都挺怕他。所以我给他设置了一条"红线"，就是不能影响其他学生。可是后来不知怎么了，他就像一匹脱缰的野马，放飞了自我。特别是今天上课，我在前排给一位同学讲题，他就在后面大声说话，还发出特别大的笑声。我当时比较失态，把他从座位上拽了起来："你给我站起来，在上课呢，你在干什么？"他站起来也不老实，还和周围同学一起玩乐。下课的时候，他们班有几个女生叫住我，说："老师，你千万不要发火，也别生气，对身体不好，他就那样，你越发火，他越来劲，别理他就是。我们英语老师就是因为他气坏了。"我听了，稍稍宽慰了些，还有学生担心我生气伤身。没想到那个学生下课又来办公室门口挑衅："老师，你生不生气呀？"我说我不生气，他还一直喋喋不休，我没理他，一会儿上课了他才回去。

现在我对他也有点无计可施，能用的方法都用上了，我平时也很照顾他的面子，也给了他应有的尊重，但是他为什么就不能给老师、给同学应有的尊重呢？如果管不住他，对老师的威信也会造成很大影响，从而带坏整个班级风气。所以，在和他"斗争"的过程中一定不能落于下风。除此之外，还要维护好教师的正面形象，不能借机打压、歧视这名同学。最重要的是要有基本的职业素养，不能在盛怒之下做出不可控的事情，对学生造成伤害。

通过这件事我明白了，只有自己亲身体验过老师这个角色，才能明白其中的不易。

2021.04.19

这两天我做了一个有关学生家庭的调查。这里的家庭调查并不是说我挨家挨户去学生家里做的调查，而是将平时我在办公室听到的一些有特殊情况的家庭做了一个汇总。说实话，我真没想到一个班级会有这么多家庭有问题的孩子。这个班仅有24名学生，家庭有很大问题的就有6人。

先说小A，一个十分敏感、情绪很不稳定的女生。她应该是问题最大的一个学生。这个学生不在我带的班级，是我听其他老师描述的。小A已经一周没来上学了，不知道去了哪里，家长也不知道她到底去了哪里。后来我了解到，她的父亲一年前因病去世，而她的母亲，在她父亲去世后就跑了，留下她和一个很小的妹妹。她不想管她妹妹，在家里天天和她叔叔吵架，心思也不在学习上，原本还不错的成绩一落千丈，成了班级里的倒数。有一次可能老师批评了她，她也不管是不是正在上课，跑出去指着那位老师就大声叫嚷。

还有几个学生，基本情况都差不多，家庭不完整，父母缺席，日常生活方面有很大的问题。这些学生由于家庭的影响，基本很难把重心放在学习上，所以学习成绩基本都是班级中下游。他们要么过于敏感，自尊心过强，容易暴躁愤怒，甚至出现暴力行为，要么过于自闭，不愿意与他人交流。这些学生是最需要融入集体的，可以通过参与集体活动矫正他们的行为，让他们感受到集体的关爱，从而得到治愈。

学校在这方面确实也做了一些努力，每个班墙上都贴有心理辅导员的姓名、地址、电话、上班时间等，还有全国青少年心理热线。但我觉得这样远远不够，这样的孩子，一般不愿轻易地谈及自己的伤疤，又怎会主动联系？我认为学校应该举办一些心理健康知识普及讲座，让学生能够对自己的心理、行为有一个自我判断。班主任也可以主动到学生家里走访，了解学生的基本情况和他们所遇到的困难，再针对性地找他们谈话，或者请专业的心理辅导员介入，帮助学生排解心理问题。

2021.04.20

今天下午大课间，学生举办了一场义卖活动，活动所得善款将全部捐给慈善机构。虽然以前在大学里也有线下的跳蚤市场、社团义卖活动等，规模也不小，但是初中生的义卖活动我还是第一次参加。

我本来以为一个大课间时间，而且还是初中生，义卖的商品数量应该不会很多，也卖不出去多少，我和刘老师一起去凑了下热闹，结果发现大家准备得还挺充分。有的同学扛着桌子，拿着桌布，有的同学抱着募捐的商品，来到学校的广场。学生先是在班级所在位置站好队，紧接着学校扩音器简单介绍了本次义卖活动的由来。随着一声"义卖活动正式开始！"学生开始忙碌了。一眨眼的工夫，学生就把摊位支好了，上面还铺着窗帘，有模有样的。

我和刘老师转了一圈，发现货品的数量和种类比我们想象的还要多，就像一个小百货市场似的，有薯片、饮料、文具以及一些漂亮的摆件，甚至还有卖学霸笔记的。除此之外，最多的就是书了。我花了50块钱给弟弟买了几本科普书。其实相对于二手书来说，这个价格不算便宜，但是我想了想，这也是为慈善出一份力，学生也开心，于是就买了不少。虽然顶着大太阳，但是同学们的热情不减，小小的一个广场上挤满了学生，有讨价还价的，有发出惊叹的，一时间人声鼎沸，热闹极了。临近上课时间，我看到学生摊位上的货品基本上都卖光了，有些好胜心强的班级直接开始呼吁捐款了。

最令我吃惊的是，有些学生销售素养很高。比如她会提前清点好货品数量，确定好价格，这样有人来买书时就很方便；有些班级还会统计购买书籍的教师及学生的名字。

结束之后，办公室里各班班主任开始讨论自己的班级卖了多少钱，有的班级甚至卖到了几百元。

这个活动不仅给学生带来了欢乐，还锻炼了学生组织活动的能力。

2021.04.26

今天是期中考试，而我也被安排监考。

第一节监考语文，让我体会到原来最痛苦的不是考试，而是监考。在这2个小时的时间里，我不能背单词，不能看书，不能玩手机，只能盯着学生。在外面巡视的校长半个小时走了八趟，像鹰一样锐利的眼睛盯着你，把你看得莫名心虚。其实这次考试我还挺忐忑，因为这是对我们教学效果的一次直接反馈，再加上他们上学期惨淡的成绩，真让我愁上加愁。

下午，我监考初四的学生。刚踏进考场，我就感受到角落里一个男生的目光落到我身上。我很熟悉这种目光，是那种心虚的目光，于是他成了我的"重点关注对象"。到点发下卷子和答题卡，我在考场里转了几圈，然后在讲台上坐下。开始那个男生还在认真答题，不一会儿，我发现他抬头看了我一眼，然后心虚地低下了头。果不其然，我发现他好像低头在看什么，我颇含警示地看了他一眼，他快速地移开了视线。然后我走过去，找了个凳子在他身边坐下。他似乎受了很大惊吓，只听哗啦一声，一本书从他腿与桌子的缝隙间掉了下来。我起身面向他："同学，把那个给我一下吧。"他抬头，还挺可怜的："什么呀？"我指了指那本书。他认命地捡起那本书，递给了我。我低头一看，说："还有一本。"他也拿给了我。我又转了一圈，发现竟然有同学光明正大地用计算器！我很吃惊，问他："同学，你们这化学考试能用计算器吗？"周围人一阵哄笑。我把他的计算器也收走了。不久，那位被我收走计算器的同学又有了新动作。他块头很大，所以他一旦有小动作，特别明显。我一眼就看到他好像在地上找什么东西。我走了过去。他看我走过去，立马收敛了动作。我定睛一看，果不其然，他桌子附近有一个纸条，我捡起来带走了。我回办公室打开一看，果然是传递的小纸条，上面是求助于那位"计算器同学"的题，可惜这张纸条"出师未捷身先死"了。

2021.04.27

今天下午初一考试完，就开始阅卷。第一次网上阅卷，我还有点小激动。

登录账号后，我发现给我们两个分配的任务比较少，两个人批阅500份卷子中的一道大题，一道大题里有十二个填空题。本来我以为看看对错然后打分就可以了，但是事情远没有我想象的这么简单。

第一个是关于答案的问题。我发现有些题目开放性比较强，有多个答案，而群里只给了一个答案，没有出评分细则。所以看这道题就需要和其他老师商议，统一阅卷标准。我求助了我们的指导老师，指导老师把我们拉进一个沂源地理教师群。我先是和刘老师商议了一下，然后询问了群里看这道题的其他老师，最后确定了看卷标准。

　　第二个是关于心情的问题。真的是越看血压越高，有的题难度不是很大，但是需要注意的字却不少，而学生错得五花八门。如本州岛的"州"，他们写成"洲"；濑户内海的"濑"，他们写成"懒"。其中最令我惊讶的是印度那个填空题，印度又被称为"世界办公室"，就"办公室"这三个字，他们也是花样百出，气得我欲哭无泪。这些题我平时讲课的时候都强调了，平时做练习题的时候也强调了，复习的时候也强调了，但还是会有同学写错。

　　后来看多了之后渐渐麻木了，也没那么生气了，而是在想，以后强调的知识点一定要落实到位，否则一切都是空谈。

2021.04.28

　　今天成绩出来了，不仅是学生，办公室的老师们也十分激动，纷纷查看自己班里的成绩怎么样，在县里排名多少。沂源县一共有18所中学，从综合排名来说，沂源三中排名第8，总体来说还不错。

　　下课后学生纷纷涌入办公室看自己的分数，又期待又忐忑。考得好的同学，喜形于色，眉梢眼角都洋溢着欢快的气息，而没发挥好的同学，有的沉默不语，一言不发，有的愁云惨淡万里凝，感觉随时都会"下雨"。

　　5班的地理课代表看完分数大吃一惊："老师，这个分数是对的吗？"我想了想说："应该吧，毕竟是教务处发的。"然后就看到他一声不响地走了。

　　不一会儿，有同学来给我"通风报信"："老师，你快去看看吧，那个包俊豪（化名）哭了，止不住了。"我跟着这位同学来到教室，看到包俊豪哭得挺厉害，就想办法安慰他："考试嘛，就是检验这一段时间的学习成果如何，学习方法对不对，这次没考好，肯定是有些地方出了问题。我们及时发现问题再去改进，下一次考试就可以更上一层楼了。"

　　我又询问周围的同学，周围同学说他预估应该是145分，但是成绩只有120多分，产生了巨大的心理落差，他可能接受不了。我又想，这位同学成绩一直比较优秀，而数学成绩也比较稳定，应该不会差很大。所以我又安慰他，和他说回办公室再去看看成绩，毕竟网络阅卷，成绩有误这种现象虽然极少发生，但也不是不可能。

等他数学老师来的时候我去问，果不其然，老师说他的成绩肯定有问题，填空题一个 4 分，一共五个，五个填空他都对，却只加了 1 分，少加了 19 分。所以，肯定是某个老师批卷子的时候出错了。教育局开始彻查。数学老师还耐心地安慰包同学。经过老师的开导，包同学已经破涕为笑了。

2021.05.11

这周我们加强了学生的习题训练，所以多了不少习题课。最初习题课基本上由我主导讲解，现在学生可以自主讲解，我觉得这段时间他们成长了很多。

刚开始，习题课基本上是我在讲，然后提问学生。虽然这样讲课确保了讲课速度，能赶上整体课程的进度，但是我发现这种方式不利于重点题目的讲解，而且学生特别容易走神。课堂如果完全由教师主导，学生只是被动接受，学生没有参与感，注意力很难集中。这样教师不仅要讲课，还要提醒学生不要走神，讲课的速度、学生的学习效率都会受到很大影响，花费了大量时间和精力，学生的学习成绩反而上不去，事倍功半。

后来我让学生自己讲题。选择题我一般会这样实施：先随机提问，让学生说出他的答案，让其他同学看看与自己的答案是否一致，如果不一致就大声说出来，这样就可以大体清楚问题集中在哪一个题目上。然后我就在黑板上进行标画，对有问题的题目逐个分析。这时我会根据题目的难度，决定是由我来讲解还是分给学生来讲解。如果是难度适中或者比较具有创意的题目，我会叫班级里那几个思维比较活跃的学生来回答。如果是基础知识，我就会找班级里中下游的学生回答，帮助他们回顾、巩固基础知识。当学生有困难，我会努力引导他们向正确答案靠拢。总体以鼓励为主，答对了会表扬，答错了也会适当鼓励。但如果是强调了好几遍的知识，依然答错，也会适当批评，然后关注这个学生基础知识的掌握情况。

此外，我还比较喜欢"开火车"这种回答问题的方式。这种方式是刘长增老师比较推崇的一种方式，也是经过实践检验效果比较好的一种方式。但是有时学生会出现自己回答完就大松一口气，不再专注于听其他同学讲课的情况，我会在以后的讲课过程中想办法解决学生这种心态。

2021. 06. 01

在日常教学中，我总是认认真真地备课、设计教学过程。在操练课程的时候也会从学生的角度出发，思考问题设计是否合理。然而，学生是富有个性的，对于老师提出的问题，他们有自己的思考和答案。因此在课堂教学中，教师难免会遇到这样或那样的突发状况。如果不能妥善处理，将会影响整节课的质量，有时甚至会影响教师在学生心目中的形象。但是，如果老师能够抓住这次机会，将这种突发状况处理好，坏事也可能会变成好事。

比如，上课的时候总有那么几个捣蛋鬼，不仅自己不听课，还影响其他人上课；有些学生会故意大声打哈欠，大幅度地伸懒腰，发出一阵阵笑声；有的人在其他同学回答问题时会故意插嘴。这些行为一般都带有挑衅的意味，这样的学生就是为了引起别人的注意。面对这样的学生，我们是听之任之，还是不顾形象和教学进程，在课堂上与之发生冲突？如果听之任之，会让捣蛋的学生更加肆无忌惮。但是与之发生冲突，纠缠不清，则会使课堂教学陷入僵局，教师的个人形象大打折扣。

那么，该如何面对这种故意捣乱的学生呢？我的做法是：直接批评他的这种行为。当然，批评的方式是有讲究的。举一个发生在我们班的例子。有一次上课，我提问一个学生，这个学生很紧张，回答不出问题。这时，有个学生就在班级里大声地说："老师，他是潮巴（傻子），回答不上来的。"我当时就让回答问题的学生坐下，转而严肃地对捣蛋的学生说："咱们班是一个集体，不能随便侮辱他人，你这样侮辱别人，就是在侮辱你自己。"全班同学都用指责的目光注视着他，他羞愧地低下了头。

其实这样的学生并不怕老师生气，也不怕老师斥责，但是他们在乎同学对自己的看法。所以遇到这类学生，教师要站在所有学生的立场对其进行批评，指出这件事所带来的恶劣影响。对于这样的学生，教师在课后要多关心，多了解该生的家庭情况、学习情况，设身处地，从学生的角度出发，去理解学生、关心学生。

2021. 06. 03

今天晚自习，4班的曹同学又调皮捣蛋。他不仅不学习，还在课堂上随便说话，严重扰乱课堂纪律。最后我忍无可忍，把他叫到办公室罚站了10分钟。

曹同学，4班的刺头，能让平时非常淑女的英语老师当堂发飙，在办公室都能听到她的"咆哮"。曹同学1.68米左右，在同龄人里算是又高又壮，而且是实打实的小霸王。有些欺软怕硬，最喜欢欺负脾气好的老师和性格软弱的同学。但是他特别怕他的班主任，因为班主任会罚他蛙跳。

刚来实习的时候，他最让我头疼。我曾经把他叫到教室外面谈过话，明确告诉他我的底线就是不能扰乱课堂纪律，当他越过这条红线，我就要把他交给班主任处理。约法三章之后，他明显收敛了很多。但是没过几周，他老毛病又犯了，上课欺负某位学生。对于这件事我十分生气，每次过去制止他，他总有一大堆理由等着我：他上课做其他科的作业、他上课说话、他上课睡觉……我说："这也不是你动手惩罚他的理由，惩罚他是老师的事，你没有惩罚他的权利，以后不准打他！如果以后再让我看见你随便欺负他，我就让你家长来学校解释！"对于他这种行为必须及时制止，如果不制止，到了社会上变本加厉欺负别人，早晚会受到法律的制裁。所以，在学校这段时间，我们不仅要教学生知识，还要培养他们的道德情操。

其实，曹同学也有很多闪光点，比如为人比较热情、善于交际、果断勇敢等。今天早上他们班进了一只大老鼠，足足十几厘米，十分可怕，引起了一阵骚乱，最后还是曹同学一板凳把它拍死了。

他们只是六年级的孩子，可能是受到大人或者网络风气的影响，加之自己判断力有限，所以在某些行为上表现出"坏"的一面。对于这类孩子，老师作为园丁，应该及时"修剪"他的一些坏毛病，加以引导，让他明白规则的重要性，形成良好的道德意识。

2021.06.08

前几天在办公室得知一件事，有几个六年级的学生从家里把父亲的烟偷偷拿出来，带到学校里卖，赚取零花钱。几个六年级和九年级的学生在厕所吸烟，被同学举报，学校把这几个学生都"抓"起来了。

我刚听说这件事的时候，非常吃惊，六年级的学生就能做出这种事吗？虽然他们年纪比较小，但是我觉得在学校里向未成年兜售烟草这种触犯校规校纪的大事，不能用一句"他们还小，还不懂"就搪塞过去。

看到处分名单里竟然有我教的几位学生，我是既震惊又羞愧。这三位同学有两位平时在班级里虽然成绩不好，但是听课还算比较认真，和老师的互动也很积极。我感觉心中像是扎了一根刺，以后教学中我还能毫无芥蒂地对待他们吗？

回到办公室，冷静下来后我想了很多。现在的学生就像花园里的小树，老师不仅要为他们浇水、施肥，还要在他们生出其他"不良"的枝丫时及时修剪。在课堂上，教师应该一视同仁地对待学生；在课下或是生活中，教师应该担任起"修理工"的职务，帮助学生更好地成长。

2021.06.10

复习课应该怎么上呢？

首先，我觉得一个合理的复习计划非常重要。一方面，教师在复习过程中应做好知识点的讲解，帮助学生明确复习计划。我和刘老师上复习课前会将知识点打印出来，保证学生人手一份，目的是帮助学生通过对知识点的自主学习，快速完成基础知识的整理工作。另一方面，在复习过程中复习计划必须提前告知学生，帮助学生了解复习的时间节点，以此来明确复习的时间计划，让学生明确复习计划和复习目的。

其次，我觉得复习应该分为两轮。第一轮为地毯式复习，主要是针对知识点进行讲解。这一阶段复习的目的是帮助学生查漏补缺，复习内容注重基础知识、基本内容的讲解，以知识点的理解和记忆为主，注重知识体系的建立。第二轮为知识点的重点分析，主要是针对考题和重点考点进行讲解，属于知识巩固提高阶段。这一阶段需要学生着眼题目来实现知识点的应用与迁移，教师则应注重重点内容的讲解，次要内容简单融入即可。由于时间关系，我和刘老师决定把一轮和二轮复习结合起来，在讲解过程中既进行知识点的讲解与知识体系的构建，又进行重点点拨与思维升华，最后用习题加以巩固提高。但这样一来，上课的节奏就特别快，而且需要学生大量记忆、背诵，久而久之，学生难免感到厌烦。那又有什么具体有效的解决方法呢？我通过观察其他老师的复习课和网上搜索，找到了一些方法。

（1）研究学情，用心设计教学活动，让学生深度参与。

学生注意力集中时间有限，复习课容量大，单一的复习方式会让学生厌倦。教师可以创设"解决问题""角色扮演""技能展示""相互找茬""让我来教你"等学生乐于参与的复习活动,来吸引学生的注意力。在学生的高度参与下,复习效果自然会提升。

(2) 牢记学科特点,精心设计复习过程。

地理学科是文理兼顾的学科,不适合死记硬背的复习方式。教师应该抓住"地图是地理学科的特殊语言"这一特色,充分利用地图推进复习,引导学生读、找、绘、思、析,将地图的使用效益最大化,提升学生的地理素养。

(3) "传统+现代",培养学生良好的学习习惯。

教师的板书、板图,学生在教材上圈、点、勾、画、记,这些传统有效的教与学的方法,不应该被完全摒弃,而应将传统手段与现代信息技术有机结合,合力实施课堂教学,培养学生听、写、读、思、问、表达等良好的学习习惯。基于此,我也做了一些教学上的改进。比如上课的时候,我会先进行串讲,构建思维体系,然后限定时间让学生自主记忆。在他们背诵的过程中我会在黑板上快速画出与该问题相关的地图,然后请同学据图回答我的问题。此外,有时我也会让学生自己动手画地图。这样不仅能让学生记忆地理位置、形态等,而且还锻炼了学生的动手能力。

2021.06.11

每周我和学生都非常期待周五的到来。

今天学生又缠着我早布置作业,因为早布置完,他们完成之后,就可以过一个自由自在的周末。于是我尽量选择一些具有代表性的题给他们做。除此之外,习题时间我也尽量安排在课堂上,即学即练。这样既有利于学生重复记忆知识,又能进行内容的拓展提升,可谓一举多得。学生课下负担比较小,也就不会激起他们对地理学科的逆反情绪。

但是必要的作业还是得有,不过我会尽可能地保证质量、控制数量,尽量不给学生造成太大负担。我发现,其实不仅教学活动需要认真设计,作业也一样。特别是地理学科,它贴近生活,如果好好设计,肯定特别有趣。地理知识在日常生活中无处不在,生活中的地理问题都可以作为地理作业的题目。地理教育的生活化强调让地理作业生活化,让作业走出课堂、走出课本,走向生活。在新课程理念下,教师应该让学生从生活中发现地理问题，收集地理信息，分析地理问题，最终能够运用地理知识解决实际的生活问题。只有这样，学生才能在实际生活中感受到地理知识的重要性，感知到地理知识的价值。

2021.06.16

有一段时间，我很怕学生对地理学习失去兴趣，毕竟学习一门自己不感兴趣的课非常痛苦，我想让他们喜欢上地理。因此我在教学设计上下了很大功夫，力争每一节课都讲得趣味横生，大家也学得开心。但是这几天回到复习课上的时候，可能是不新鲜了，大家都提不起精神，上完课我有一种深深的挫败感。

每节课学生最开心的时候就是我给他们讲这个地区的"奇闻逸事"的时候，从日本泡沫经济到堵塞的苏伊士运河，从印度的高种姓、低种姓到俄罗斯学生漫长的暑假，从俄罗斯、非洲的钻石到繁华的迪拜帆船酒店……讲的时候再联系一下当地的自然、人文环境特点，不仅加深了学生对这个地区的印象，还可以激励他们去背诵。效果还不错。但是我没想到竟然还有反效果。结果就是大家的"胃口"越来越大，一般的课已经满足不了他们了。

唉，看来还得另谋出路，找一个适合他们的复习课。

2021.06.18

现在大家上复习课精神大不如以前，加上平时休息不足，每个人都是蔫蔫的。学习靠前的那几位同学自制力还可以，课上还能跟上节奏，但是中下游的很多同学，背书的时候昏昏沉沉，只是跟着别人划水，知识根本不往脑子里进，提问的时候磕磕巴巴，着实令我气愤。忍着一肚子气，回到办公室，平静下来后，感觉是自己的教学方法出了问题。一直用一种复习模式，想必同学们也会厌烦，所以，是时候在复习形式上做出改变了。

我想了一早上，决定采用小组竞争的方式来激励学生学习。为此，我在网上购买了一些小礼品。下午上课的时候我这个主意刚一提出，就引起同学们热烈的反响。我觉得其他老师应该给他们分过组，所以我找到课代表询问他班里有没有其他科目老师已经分过组，课代表说语文和英语有。我问了语文课的分组，学生是以前后两排一共六位同学为一组。我观察了每一组的成员组成，发现比较合理，三人一桌，基本上是一个先进生带两个后进生，组间人员构成比较均匀。于是上课的时候我宣布，地理分组与语文分组一致，前后两排六个人为一组，下课的时候小组内选出一个小组长，小组长将本组名单记下来，交给课代表。5 班的分组顺利完成。

6 班的座位情况与 5 班不同，所以我以每排为一大组，共分了三个小组。而 4 班情况就比较复杂，4 班的座位安排与 5 班大致一样，但是后来经过几次换座，人员分配已经不均匀了。后来我权衡利弊，让几位同学上课的时候带着课本去找自己的小组，一起讨论学习。

关于奖惩标准我是这样制定的：我根据人员名单制作了一些表格，表格主要由三部分构成，加分、减分与总分。加分项是由老师点名提问、学生主动回答问题以及作业完成情况这三个指标构成的。而减分项包括上课违反纪律、作业未完成两项。现在距离期末考试还有两周多，两周后我就会算一下他们各个小组的得分，举行一个小小的颁奖仪式。

不知道具体实施起来怎样，就今天来看，学生对这个小组活动还是比较感兴趣的，甚至在 6 班上课的时候各个小组之间就擦出不少"火花"。下周实施起来是一种怎样的效果呢？我非常期待。

2021. 06. 22

眼看实习就要结束了，我最近常常回想起自己刚来的时候。本以为 4 个月会很漫长，没想到这么快就要说再见了。

今天伏案填写实习总结材料的时候，我还有种不真实的感觉，真的这么快就要说再见了吗？我与学生相处的点点滴滴在我脑海中一一闪现，记忆如此鲜活，仿佛就发生在昨天。

在与学生相处方面给我最大的感触就是，不要随意评价学生。对学生所谓"好"与"坏"的评价标准其实就是老师是否喜欢这个学生。老师喜欢这个学生，这个学生就是好学生，反之，就是坏学生。这也是老师区别对待学生的原因。但是，这对学生来说很不公平。

老师认为学生必须学习，这是他们现阶段唯一的任务，一门心思扑在学习上的学生才是好学生。可回头想想，老师做学生的时候，自己可有把心思全用在学习上？人总要有一个过渡的阶段，成长是需要时间的。因此，我们对待学生应一视同仁，而不是囿于成见，随意给学生定性。学生没有"好""坏"之分。

2021.06.23

转眼 4 个月过去了，我们在沂源三中的实习生活也接近尾声。和实习学校的老师、同学朝夕相处，使我收获很多，也让我明白了教师身上所肩负的责任与荣光。我的实习成果主要包括以下几个方面：

（1）教学工作

本次我独立担任沂源三中六年级 4 至 6 班的地理教学工作，一周 14 节课。这对我来说是个不小的挑战，但这也正说明了学校对我们实习教师的信任。在日常教学工作中，我会花大量时间备课，制作精美的 PPT；在正式上课前，我一般会排练两至三遍，如果有设计不合理处我会及时改进。我还积极去观摩指导老师授课，学习老师讲课的思路与方法，特别是地理组听评课、集体备课等活动，让我受益良多。

此外，我能合理安排学生的作业，认真批改，并通过作业反馈认真总结反思，不断完善教学。在两次月考以及期中考试期间，参与地理试卷命题与批改，让我有了更多的锻炼机会。

（2）班主任工作

春季运动会时我担任六年级 6 班的代理班主任。赛前我积极动员大家参加运动会，做好采购等相应的准备工作。最终，在全班同学的共同努力下，我们获得了年级第一、全校第三的好成绩。赛后我组织了关于运动会的班会，旨在增强学生的凝聚力，鼓励学生积极参加集体活动。

（3）教学研究

实习期间我养成了记日记的习惯，将平时遇到的教学问题及班级管理问题及时记录下来，并通过请教导师、查阅文献等方式，总结了一些解决方法，形成一份约七万字的实习日记。除此之外，我还通过问卷调查的方式完成了《农村地区基础教育现状及其对策调查》的教育研究报告。

刘玫琪日记（节选）

2021.03.26

今天是本学期第一次月考的日子。考场按照学生上次全县统考的排名进行划分，需要分考场、排座位，整个流程看起来颇为正式。

当我在成绩最差的班级监考时，看着这些孩子内心不免担忧。对这些孩子来说，他们的底子本来就比较薄弱，再不发奋努力，可以说和高中无缘。看着他们在考场上肆意妄为，个别学生对老师极不尊重，让人非常恼火。

我很想唤起他们对学习的认真态度，可是每当试卷发下去，他们仅需2分钟，选择题随意填涂，非选择题答非所问，草草做完就交卷。尽管我一遍又一遍苦口婆心地劝他们，要仔细看一看、选一选，也许里面就有你们会做的题目，但他们依然我行我素。

我问学生，你们不认真学习，初中辍学准备干什么？他们以一个玩笑的态度回答："干饭。"在这些学生中，有找不清学习方向的学生，也有被家长宠坏的学生。因此，他们毫无压力，没有目标。

我想，只要学生有上进心，我们就应该尽最大努力去帮助他们、引导他们。对还处于迷茫期、彷徨期，对未来没有目标的学生，我们更应该引导他们树立人生目标，并为之努力奋斗。

2021.04.21

下周一就是期中考试了，各科老师都忙着赶进度，进行考前检测。

然而检测的结果却没能让老师们满意。一个班的及格人数寥寥无几，一个十几分的题目，大部分学生只得个位数。这样的结果，老师们也是既纳闷又无力。有老师不禁发问，是什么原因使学生考得这么差？是学生太笨了，还是老师教得太差了？

其实在我看来，乡镇中学和县城中学的学生差距如此之大，其中一个重要的原因，应该是学生没有养成良好的学习习惯。办公室的老师讲，这里的学生从小学就没有养成认真学习的习惯，到了中学，对学习方法也是一知半解。

所以，通过改善乡镇教育的基础设施，提高乡镇中学教师的待遇，吸引优质教师到乡镇任教，促进乡镇中学的学生养成良好的学习习惯，便能缩小他们与城里学生的差距。

2021.04.23

我之前一直对各个班级听课状态与考试成绩不匹配的问题感到非常疑惑，从长时间的教课经历中，我明白了其中的原因。非常活跃的班级，班内调皮的学生多一些，所以带动整个班级形成一种积极活跃的氛围。但实际的听课效果却一般，有些学生只是热衷于附和老师罢了。

这类学生非常希望得到老师的认可。我认为我们应该与他们多沟通，使他们充分认识到学习的重要性，静下心来将上课听到的知识落实在纸上。平时讲课过程中，我们也可以提问他们一些难度较小的问题，并给予他们鼓励，激发他们对地理的学习兴趣。对于比较沉默的班级，我们可以通过一些有意思的问题、图片、小故事等，调动他们的学习积极性，活跃课堂气氛。总而言之，我们要根据每个班不同的学习状态制定教学思路，争取达到教学效果的最大化。

2021.04.28

学生的成绩有些不理想，每个班及格人数只有八九人。我和小张教的初一级地理在全县18所学校中排名12，处于中下游水平。我们向教学成绩较好的老师请教教学经验，他们的忠告是：要让学生怕你，要压得住他们！

刚到这所学校时，看到学生的成绩，我非常惊讶，每个班级及格人数不足十人？可是经过一段时间的教学，我发现尽管我们在教学上付出了很多时间和精力，教学成绩仍不见提高，这让我们的教学激情和信心备受打击。

在这里，课堂几乎是学生获取知识的唯一渠道。家长对学生学习的监督效果微乎其微，其知识水平也无法满足学生学业辅导的要求。如果学生上课不认真听讲，课后未及时复习，回家后家长又难以发挥在学习上的督促作用，长此以往学习效果堪忧。因此，课堂的讲课效果对学生提高成绩至关重要。我虽然不想打压孩子的天性，但是不严厉，很难镇住他们。我也看过班主任上课，即使平时课堂纪律很差的班级，纪律也明显好很多。所以，我应该改变一下我的讲课风格，不能总是让学生觉得我温柔可欺，要让学生从心里畏惧我。这样才能树立威信，镇得住学生，进而提升课堂效果。

2021.04.29

通过对试卷的讲解，我发现许多学生对地理学习不够重视，学生的学习目标和学习动机都存在问题。我之前在最差的一个考场监考时，学生都是几分钟内答完试卷，几乎不动脑子。我提醒他们认真答题，他们却对此无感。所以今天我特意为每个班安排了一节思想教育课，希望以此唤醒他们。

在这节思想教育课上，我让每一位同学都在全班同学的见证下，制定了自己的学习目标。希望今天的思想教育课，能够对他们有所启发。

然而，每个班的思想教育课效果差别挺大，比较活跃的班级几乎没有起色。当我问学生如果成绩不理想没有升入高中，以后打算干什么，有人大喊"去搬砖"。当时我的心一下子跌到了谷底，真是天真单纯的孩子。生活的艰辛是他们这个年龄段无法体会的，他们还没有经历过生活的磨砺，对世界没有一个客观的认识，只是天真地以为生活会如他们所想的一帆风顺。

孩子们，你吃不了学习的苦，就要吃生活的苦。希望你们通过观察生活，能明白学习对于你们的意义。

2021.05.18

回想我第一次站上讲台，讲课思路混乱，我全身心都只关注能不能讲完内容，完全忽视了学生对教学过程的参与，整节课都是我在讲台上生搬硬套，学生只能被动学习，没有主观意识。这对学生丰富知识、发散思维和全面进步来说非常不利。所以，在之后的教学中，我也在不断加强学生在课堂上的参与度，注重学生主体地位的发挥。

我也不断认识到探究式学习的重要性。探究式学习可以拓宽学生的地理思维，引导他们进行积极的探索，激发他们的学习兴趣。

除了探究式学习，我还采用启发式的教学方法进行教学。教学时以学生为导向，正确地启发和引导学生，让学生敢于表达自己的想法。

当然，无论哪种学习方法，我们最终的目的都是有效地帮助学生掌握知识，培养学生的学科素养与综合能力。

2021.05.24

小班化教学，不仅可以减少教师管理班级的工作量，还可以有效拉近师生之间的距离，有助于教师及时掌握学生的学习情况，合理调控课堂进度。

小班化教学对教师的自我素质具有极高的要求。首先，教师要具备深厚、广博的学科知识，能够解答学生的奇思妙想；其次，还要有欣赏美、发现美的能力，能够发现学生的闪光点，并给予积极有效的引导，采取针对性的教育措施，因材施教。在此过程中，教师还要有意识地提高学生在课堂中的主体地位，发挥学生的主观能动性。

但在短短40分钟的课堂上，要想照顾到每一位学生并不容易。我们除了要对中学地理小班化教学进行探索，还应积极为学生构建良好的学习氛围，提高他们的课堂参与度，为日后的学习生活奠定坚实的基础。

2021.06.01

今天上晚课时，因为课代表周末作业传达不到位，导致一部分学生未做作业，让我非常生气。根据同学反映，课代表在一些同学已经放学离开时才布置作业。对此，我首先指出课代表的错误，并予以批评。当然，事情已经发生，只能在课堂上安排时间做周末的习题。

但是，在课堂上抽出时间做练习，许多学生的正确率比平时低了不少。虽然题目具有一定难度，但这样的正确率不禁让人怒火中烧。并且在练习过程中，课堂纪律很难维持。班长平时上课很喜欢接话茬，今天课上也跟周围的同学"开小会"，严重扰乱了课堂纪律。教学时，为了不耽误课堂进度，我只会对其进行眼神提示。由于平时的放任，导致班长更肆无忌惮。鉴于此，这节课我当众对班长进行了批评教育。然而，由于前期我的迁就，很难使他意识到问题的严重性，仍然与我嬉笑、顶嘴。我不禁反思自己，这样当众批评是否有意义，是否有助于树立教师的威信。

能够让学生敬畏的老师，首先应该具有深厚的学科素养；其次，还应该做到不怒自威，能够有效管理学生。而我在性格方面有些文静，很难起到威慑作用。这是我在教学上的不足之处，后期还需要不断改进。

2021.06.05

今天朋友圈都是"2021齐鲁最美教师"评选活动的消息，我所在的实习学校有两位老师入选。其中有一位王老师，令人印象深刻。

刚开始从教时，由于专业不对口，王老师便去书店买教学书籍、中考试卷，边教边学边摸索。同时，王老师还负责班主任工作。因为没有经验，王老师便陪三餐、陪两休，走进学生生活，在教学相长中提高自己，服务学生。"爱自己孩子的是人，爱别人孩子的是神。"王老师在教学过程中悉心呵护每一位学生，能够及时发现学生的问题，进行疏导。有些学生离家较远，他带学生寻医问药、购买生活用品已是家常便饭；对于刚升初一还会想家的学生，他就在学生宿舍陪睡一晚又一晚，直到学生学会独立。

一位优秀的教师，除了要有深厚的学科素养，更重要的还应该有管理学生的能力。王老师在处理班级的特殊问题时，总能春风化雨，润物无声地改变学生。听说有一次，王老师去上晚自习，发现学生在教室里追逐打闹，走近一看，原来是学生把一个馒头当足球踢。他没有呵斥学生，而是静静走到讲台，拾起馒头，剥去肮脏不堪的外皮，在大家的注视下，慢慢地咀嚼、吞咽。原本沸腾的班级，渐渐安静下来，渐渐有了啜泣声。那一堂班会，他通过言传身教让学生深刻地明白了何为"粒粒皆辛苦"。

之前我们总是想通过偏远山区的孩子吃不饱的例子，希望学生能明白"粒粒皆辛苦"，但是这些距离他们太遥远，仅仅通过说教很难让他们有所体悟。而王老师的言传身教，不仅让学生受到了很大的震撼，对我也产生了极大的影响。我们看到，一名老师不仅需要在教书育人上下功夫，还要发自内心地教化学生。

除了这两件事以外，王老师还有很多感人的教育案例，他做到了"宽严相济亲无间，润物无声唯慧心"。从王老师身上，我学到了很多。教学经验不足，一定要多花时间学习，要走进学生，也要向其他老师多学习。

至于班级管理，要学会揣摩学生的心理，努力做到言传身教，还要与时俱进，不断创新和改变。

2021.06.07

今天在办公室，每个班主任都叫来自己班级的学生进行严厉的思想教育，原因是这些学生小小年纪就开始学吸烟。这次事件令人感到震惊，参与这次吸烟事件的人数较多，其中有高年级的同学进行烟草的售卖，又有同年级的学生互相诱惑。在宿舍休息时，不仅跨班级，还跨年级一起吸烟。

这次的吸烟事件，各个班主任先从各自的学生入手，逐个击破，顺藤摸瓜找到其他班级的学生。有的学生不承认错误，但是在班主任的严厉劝诫和教导下，大部分学生都能直视自己的错误。对于极个别的顽固不化的孩子，班主任有些束手无策，只能联合家长进行教育。

吸烟对成年人尚有严重的影响，更何况是身体尚未完全发育的孩子。在我看来，小孩子想尝试吸烟，主要是受高年级学长、周围同学、家庭、社会等外部环境的影响。

老师很难控制社会和网络带来的巨大影响，只能在学校和家庭环境的范围内做工作，让学生了解吸烟的危害，引导学生健康成长。同时，家长和学校也要努力创造无烟环境，齐心协力，监督学生养成自尊自爱的习惯，提高自律意识，将更多的时间和精力投入学习之中。

2021.06.08

继昨天的吸烟事件后今天又出现了新问题。4班的曹同学参与了此次吸烟事件，却拒不承认，与老师顶嘴，未认识到自己的错误。曹同学在日常教学中也经常不服从班级管理，小张老师上课时也经常因为他生气。这些与家庭对他的溺爱密切相关。

学生成长所处的环境，大致可分为三类：学校环境、家庭环境和社会环境。义务教育阶段学生大都生活在家庭环境或是学校环境之中。随着社会经济的飞速发展，家长对于孩子的教育观念、教育方式等也有了显著的变化。但是农村学生的家长教育观念往往跟不上时代的发展与要求，很多家长侧重于学生物质层面的供给，缺乏在心理教育方面的有效引导，部分家长对学生的教育方式和参与度距离满足学生长远发展的需求还有一定差距。

对于家庭教育出现的问题，教师一定要面对面与家长交流，分析学生存在的问题以及对学生发展的影响，帮助家长树立正确的教育观念，为正确的家庭教育做铺垫。

2021.06.09

今天有一节3班的早课，这个班在其他任课教师心中也是一个让人头疼的班级。我并不了解班主任的管理是否与其他班级存在差异，但是这个班学生的家庭环境存在问题的情况确实比其他班级多，在管理方面存在很大的难度。

3班学生早课到位的时间，明显比其他班级晚。5：30上课，5：20其他班级学生均已到齐，3班却无一位同学到位，并且总是赶在正式上课的时间卡点才能到齐。班级整体的学风散漫，学生学习的积极性也不高。

对于班级管理问题，首先，班主任应该引导学生树立正确的学习目标。只要学生有上进心，班主任就要正面引导，帮助学生树立奋斗目标。因为人只要有目标，才能不断激发自己的潜能。其次，班主任要激发学生的学习兴趣和学习热情，让学生乐于学习。"知之者不如好之者，好之者不如乐之者。"可见兴趣对学习起着非常重要的作用。再次，班主任要引导学生积极主动地参与课堂学习。可以通过班级制度和奖励机制，营造一种"比、赶、超"的学习氛围，让学生能够积极地、愉悦地、自信地参与学习，真正成为学习的主人。

身为班主任，既要关注学生的学习成绩，还要关注学生的身心发展变化，深入了解学生，做好学生的思想工作，引导学生健康成长。

2021.06.10

今天在2班上课时，我注意到班内一个"问题学生"小张，在课堂上的表现情况在逐步变好。以前上课时，他很少服从课堂的任务安排，并且还会打扰周围同学学习，考试也仅仅是蒙完选择题就交卷，全靠运气得分。但是现在，他能听从课堂任务安排，还会主动询问当堂练习内容，而且当堂检测的正确率也比较高。虽然时不时还会扰乱课堂纪律，但是对地理的学习态度明显端正了许多，学习效果也越来越好。

第一次看他当堂检测答题情况时，我非常惊讶，因为他的正确率居然还可以。可见，小张同学的地理基础还不错，学习积极性也在不断提高。

我在想，是什么让小张同学有所改变？或许是我在课堂上给予了小张同学更多的关注；又或许是小张同学违反课堂纪律或不服从管理时，我没有直接对他劈头盖脸一顿怒骂，而是进行比较平和的思想教育。

我想大部分问题学生，他们只是想得到同学、老师的关注。如果我们给予他们更多关注与耐心，让他们减少对学习的抵触情绪，认识到提高学习成绩是获得他人认可，使自己更受欢迎的一种方式，那么我想许多"问题学生"或许都会慢慢端正学习态度。

然而现实是大部分老师在多次管理失败后便放弃了这些学生，把他们当作课堂上的"透明人"。这与学生想要获得关注的心理需求相悖，必然不利于课堂纪律的维持。还有一部分老师，会对"问题学生"采取更为严厉的管理方式，诚然，会有一定的效果，但是学生也只是因为惧怕才隐忍听话，实际上对学习并没有多大帮助。

虽然对于这类"问题学生"的管理存在较大的难度，但是我们也应该保持初心，对每一个学生都多一些耐心，做到不抛弃、不放弃。

2021.06.16

昨天进行了期中考试后的第一次月考，由于检测时间只有 40 分钟，所以只出了 50 分的题量。通过今天统计的考试成绩来看，三个班级的成绩整体上比之前更好了。

每个班的成绩通过平时上课的班级氛围，就已经可见一斑。2 班可以算是六个班级中地理成绩最好的班级，高分较多，但断层现象依旧明显。之前发现这个问题后，课堂上我加强了对边缘学生的提问力度。从这次月考成绩来看有一定成效，有几位同学的成绩提高了不少，迈过了及格大关。但是还有几位经常被提问的学生，成绩并没有提高，还在原地踏步，这让人很不解。

1 班及格人数是三个班级之最，整体水平还可以，但高分并不多，成绩分化不明显，学生成绩有进有退。退步的学生有几个是上次吸烟事件的参与者，可见这件事对学生学习影响有多大。对于学生的不良情绪，我们应该多留意、多疏解，让学生将心思都放在学习上。

最让人头痛的 3 班，这次考得还算可以，但是相比其他班级来说，还是相差甚远。班级的最高分远低于其他班级，且低分人数多于其他班级。这个班级平时上课非常吵闹，我站在讲台上看下面的学生，很难找到几个让人省心的。我通过与班主任沟通，得知这个班级家庭有问题的学生比较多，所以班级管理存在很大的困难。

良好的班风有利于提高班级学生的整体成绩，所以我们在任教时，一定要多加注意班级管理问题，如果做不到让每一个学生"成材"，起码要让他们"成人"。

2021. 06. 18

今天2班政治老师和班主任讨论班级的管理问题。班主任对于班干部的选拔非常头痛，班级几乎没有适合班级管理的人选。上学期选的班长，将班风带歪了，这学期换的新班长，也令人不满意。

两任班长都由女生担任，因此想要换一位男生改变一下，却找不到合适的人选。即使想找一位女生也不好找。班里有一位学习非常认真的女生，但是她却被许多同学排挤。如果选她当班长，可能会出现很多学生不配合管理的情况，不但会影响她学习，而且班级管理工作可能也做不好。还有两位学习成绩比较好的女生，可以带动班级形成良好的班风，但是一位女生不愿意担任班干部，怕影响学习；另一位女生比较内向，不喜欢参与班级管理工作，也不适合担任班长。

对于出现排挤同学的现象，班主任应高度重视，并对发起排挤及参与排挤的同学进行严厉的思想教育。对于怕影响学习而不愿意担任班干部的同学，我们应予以理解，但同时也应鼓励其敢于担当。

2021. 06. 21

今天，有一位女生的家长来学校"问责"，女生在学校与一位男生起了肢体冲突，导致身上的伤又裂开了。

这位男生是我之前重点关注的小任同学，至于双方起冲突的原因，不过是一点小事。虽然事件的发生双方都有责任，但男生不应该出手殴打女生。从这件事可以看出，小任同学的家庭教育并不到位，特别是父亲树立的榜样作用不显著，很难给予他正确的家庭教育。因此需要教师及时沟通，加以引导，使其健康成长。

女生家长的行为可以理解，但是，发生此类事件时，家长除了要维护好自己孩子的合法权益外，还应思考一下自己的孩子是否存在问题，从而进行及时的教育。这也告诉我们在日后的工作中，一定要与家长多沟通，不能只关注学生的行为，也要思考学生的家庭教育是否存在问题。

2021.06.23

实习期马上就要结束了，也应该对实习做一个总结。在这宝贵的实习期内，我负责沂源三中初一年级三个班的地理教学工作。在这4个月内，我带领三个班级学完了七年级下册所有新课内容，并将所学内容复习了两遍。在此期间我参与了五次较为正式的成绩检测，通过检测成果和课堂反馈来看，我的教学效果在逐步提升，教学能力也在渐渐提高。

在教学过程中，我采用多媒体、教材与教辅相结合的方式，以探究式学习、启发式学习、小组学习等方法，将地理知识转化为可视、可感的知识。

在实习班主任工作方面，我主要进行了宿舍检查、召开班会、开展卫生大扫除、参与希望小学义卖等活动。一个班主任除了要关注学生的学习成绩之外，更重要的是要密切关注学生的安全问题。晚上的宿舍检查是班主任必不可少的工作之一，对于经常与其他同学发生冲突的学生更要重点关注。除了安全问题，学生的思想教育也非常重要。因此在班级学风萎靡，或者个别同学成绩下滑的情况下，都需要及时进行思想疏导与教育。

在课外活动方面，我主要带领班级参与了希望小学的义卖活动。

在实习中我愈发意识到，地理教师不仅要具有丰富的专业知识，还要具有深厚的历史文化素养，而且还要有扎实的语言表达功底。

2021.06.24

今天，实习学校的校长和各级主任，为我们所有实习教师召开了一个总结会。实习学校的校长和各位老师，语重心长地给我们讲了许多，从教学工作的点评，到日后成家立业的祝福，让人倍感亲切。

我和小张担任整个初一年级的地理教学。从一开始对教学工作的不熟悉导致工作时间延长，到日后忙碌的事情渐渐多起来，经常晚上、周末加班。初一年级的办公室主任，对我们的努力给予了肯定与感谢。

晚饭时，食堂特意为我们准备了一桌丰盛的送别宴。我们每一位实习老师也都表达了对老师和学校的感谢。衷心祝福学校发展得越来越好，每一位教师生活幸福美满，每一位三中学子都能取得理想的成绩。

2021.06.26

今天，有学生在走廊里喊我，追上我后，塞给我一张夹着可爱发卡的信纸。收到信我很开心，因为这是学生对我教学工作的一种认可。

打开信纸，我发现还精心设计了打开顺序。拿下发卡后，先看到的是告别信，再翻开一层看到的是"写给亲爱的地理老师"，再翻开才是学生有些不通顺但饱含深情的话语。学生觉得和我在一起很开心，并且期待和我再次相见，也祝福我今后的学习和工作能一帆风顺，希望我将这份祝福与可爱的小发卡保存下来。看到这封信，我十分感动。

学生得知我要走时，很多都恳求我教完这个学期。还有的学生午饭时间也不去吃饭，都拿着课本找我要签名，要联系方式。还有的问我什么时候走，准备给我开一个欢送会。

在这学期的实习中，学生带给我很多快乐和幸福，也让我认识到当初从教的选择是正确的。我很喜欢和学生在一起的时光，希望他们能健健康康地成长，最后考入理想的学校。

蔡依霏日记(节选)

2021.03.26

不知不觉一周已接近尾声,我已经适应了实习学校的生活。

一大早来到办公室,准备就徐老师昨天提的授课建议进行进一步的修改。虽然已经讲了两遍,但是对于不同的班级,课堂内容需要根据学生的不同做出相应的修改。一些知识点,有的学生很快就能理解,有的学生需要思考很久才会懂。所以课堂上既要讲授知识,还要观察学生的反应,随机应变。这非常考验老师的教学水平。

第二节课我去听伟鸿给高二5班的同学上课,没想到讲到一半白板卡住了。伟鸿并没有慌乱,而是根据这几天对教学内容的熟悉,灵活运用课本和地图册,完成了授课内容。这使我感触颇深,课堂上什么事情都有可能发生,只有站得住讲台,掌控得了大局,才能成为一名优秀的教师。

由于第二节课的设备故障问题,第三节课伟鸿和我商量一起去高二4班录课。虽然第三节课我没讲成,但是通过一上午的听课经历,我也学到很多。看到同伴在授课过程中"临危不乱",我不禁问自己,如果上午第二节课我讲课的时候发生了白板突然卡住的情况,我是否也能稳住课堂秩序,使课堂教学顺利进行?

2021.04.01

今天一共三节课,第一节在2班上课。虽然很少去2班听课,但是每次新授课都在2班,讲课次数多了,对2班学生的面孔也就熟悉了。

第一节课时间掌控得很好,每个知识点讲完,都给学生留了巩固的时间。单元活动是对这一单元的总结和升华,所以不能仅仅复习前面学过的知识,还要有所突破、有所拔高。总体来说,上午这节课达到了预期的效果。

教师不仅要对课堂负责，还要在课后进行回顾反思。上完课，指导老师对我的课进行了评价，并提出一些建议。我对课件做了进一步的修改和调整，每一个动画、每一个字都进行了揣测和打磨，总结备课中可能忽视的问题，反思学生在某个知识点中理解不足的地方。徐老师还对我说，如果以后从事教学工作，要多学习教学法，注意学生之间的互动，空闲时向其他科目老师多学习。

中午高一地理组和高二地理组的老师带着各自的实习生交流了最近的情况，并讲述了很多他们的从教心得，给了我们很多鼓励。让我印象深刻的是，徐老师说，有朝一日我们也会变成他们，也会带实习生。老师相信我们的实力，希望我们能干好这一行。

2021.04.08

上午第二节课学校组织我们实习生去高一9班听优秀的语文老师讲课。我还以为上了大学之后再也不用上语文课了，没想到又像学生一样，听了一节语文课。不禁回想起我高中时代的语文课。我高中的时候，语文老师总说一句话："解读给我听。"从高一到高三一直如此，所以在我印象中语文课比较无聊。但是随着新课改的推进，老师们不断学习，不断完善教学方法，使我看到了一节不一样的语文课。

老师先通过两段视频，让学生直观地感受视频中人物的情感，然后再让学生通过对视频中人物的观察和体会来描述自己的感受。这节课令我印象深刻的是，学生在老师的引导下，通过话剧的形式扮演书中的人物，在课堂上演绎书中的角色。学生在表演的过程中非常用心，情感充沛，很有感染力。尤其是第一小组的一个小姑娘，她在扮演她的角色时，语音语调以及语气表情的把握都非常精彩；第三小组的一个男生的动作细节充分体现了他对角色的理解很透彻。这就是把课堂交给学生，让学生对语文学习产生兴趣。虽然是语文课，但是使我深受启发。

除此之外，我今天还参加了学校组织的消防演练。消防演练是为了增强学生的安全防火意识，让学生进一步了解和掌握火灾的处理流程，增强学生在火灾中的互救、自救意识。所以在日常生活中举行相关类似的活动，非常有利于学生的健康成长和发展。

吕世轩日记（节选）

2021.03.17

来到淄博一中的第二天，忙碌又充实。早上我提前到了高一地理组办公室，帮助老师们打扫卫生。来之前父母就反复叮嘱我，实习过程中一定要做到眼里有活，要勤快肯干。所以在接下来的实习生活中，我打算认真践行父母的嘱托，做一个勤快的实习生，争取给老师们留下好印象。

上午以听课为主。听了三位老师对同一个专题的讲解，我发现不同的老师风格迥然不同，但不变的是老师们对待教学的认真与负责。第一节课是组里张红老师给高考班讲授的，条理比较清晰，课堂进度非常快。张老师在讲课的过程中反复变换着课本和PPT，不禁让我意识到学好3S技术在高中地理教学中是多么重要。第二节课的杨东主任讲课幽默风趣，整堂课几乎没有讲过课本上的内容，而是以博山区为例举例说明，让学生在愉快的氛围中掌握了知识。我认为这就是地理教学最具特色的地方，地理学科是一个融于生活又高于生活的学科，一切从生活中来又到生活中去。所以多举同学们熟悉的例子，让同学们养成在生活中学习地理的好习惯，培养地理意识，才能提高他们的学科素养。第三节王新兵老师的课也很有特色。

另外，课堂教学与我们上学期所进行的微格教学有很大的差异。课堂教学讲求对知识点的透彻把握与分析总结，需要老师在课下将知识点融会贯通后教给学生，越简单明了越好。而微格教学追求对学生内在能力的提升和训练，要求通过寓教于乐的方式完成课堂教学，却忽视了实战性、应试性的要求。这是今后我们在教学中要注意的。

2021.03.24

今天是实习以来最忙的一天。因为办公室的老师今天去高青县教研，所以今天的课由我们几个实习生带着学生上自习。

虽然坐在讲台上看自习,但是还是会有学生不断地上来问题,真是万分庆幸这些题目自己提前做了一遍,不然还真不会讲。在讲题的过程中,我发现其实很多做题正确率高的学生,或者说传统意义上地理学得好的学生地理素养很差或者说压根没有地理素养。比如今天给22班的一个学习成绩还不错的女生讲了一道2018年的高考题,在讲题的过程中我发现这位女生连最基本的中国省级行政区划位置都搞不清楚,很多省份的简称都是一知半解。但经过询问我发现,这位女生的成绩稳定在班级前三名,地理成绩更是全级部前十,真是不可思议。我们的教育难道就是培养"做题机器"吗?

我希望我能帮助学生提高地理学科素养,提升他们的综合能力。

2021.05.07

期中考试开始了。监考对于一个高中老师来说简直是噩梦一般的存在,尤其是监考语文。这两个半小时不能做别的事,也不能乱走动,只能盯着学生,或者独自冥想。怪不得很多老教师都说监考简直就是一场哲学盛宴,是自己思想的碰撞。

这次监考我又有了新发现,比如做题策略的问题。坐在第一排的某个女生,考化学时因为前面的题目很难而直接影响到后面题目的作答,导致没做完卷子。但是有些比较聪明的学生就会选择先做后面的题目,等到所有的问题解决完了再回过头来看前面的难题。

对于应试,老师除了要教会学生知识之外,还应帮助他们养成良好的做题习惯。这对学生今后的发展至关重要。

2021.05.21

究竟什么样的老师才是好老师呢?

晚上有两个女生来办公室找我问题,我跟她们说我有点急事儿让她们先去问其他的实习老师,但她们始终坚持问我。无奈,我只能让她们先回教室做一会儿作业。过了一会儿,俩人居然又来了。我想,人家诚意这么足了,咱也不能不够意思啊,于是给她们讲了起来。讲到最后,实在是好奇心驱使着我,让我问了日记开头的这个问题。她们的答案让我特别开心。她们觉得,像我这样的老师就是好老师,讲课有趣,能激起她们学习地理的兴趣。虽然我在题目的讲解上还不如老教师那么老练，但是她们觉得通过我的课堂能够使她们燃起学习地理的兴趣，这就足够了。

　　后来仔细想想，只有真正喜欢自己所教授的学科，才能带动学生喜欢这门学科。

翟天泽日记(节选)

2021.03.24

今天地理组的老师都去开会了,所以我们几个实习老师看自习。我发现很多同学都不会管理自己的时间,当你把时间交给他们,他们并不知道要干什么。

其实,自习无非就是一个自己制订计划并实施的过程。自己要学会制订计划:首先,确定自己这节课要学什么,掌握哪些内容。比如语文,这节课我计划做完一课的配套练习册,或计划看几篇文章等。其次,学会分配时间。如果已经完成了计划内的事情,再找其他事情做。再次,要学会自律。一定要静下心来,把学习放在首位。在自习期间把当天学过的知识进行回顾复习,把课堂知识掌握牢固,课后该玩的时间就痛痛快快地玩。总之,要学会制订计划,并科学地实施计划。实施计划是关键!

2021.04.26

为了下周的考试,我参加了人生中第一次考前监考会,这才发现原来监考还有这么多门道。

(1)既然是考试,难免会有学生企图通过抄袭等作弊手段提高成绩。作为监考老师,我们要保证考试的公平性。(2)试卷偶尔会出现一些缺页、漏题的情况,为了帮助学生顺利地完成答卷,要知道如何灵活变通联系考务,帮助学生处理紧急情况。(3)教师的一言一行都能给学生一定的心理暗示,一定要保持严肃。(4)监考期间不能玩手机,避免影响学生答题。

2021.06.17

今天是回到学校的第一天,我对自己的实习做了个简单的总结。近4个月的教育实习使我收获很多,无论是学习上、工作上还是与学生的相处都有了更深的认识。下面是我对前期工作进行的简要总结。

我对待实习班主任工作认真负责，与班级同学形成了良好的师生关系。刚开始实习不久我就接到了实习班主任的工作，看早读，查纪律，盯晚自习，处理各种事宜。我深刻地体会到了一个班主任的艰辛，无论是精神上还是生理上都承受着巨大的压力，需要同时照顾到50名同学的学习成绩和精神状态，确保他们每天的在校安全。

在地理课堂教学中，我能够按照指导老师的要求，独立完成课堂各个环节的工作，深受学生喜爱。我的地理课堂气氛比较活跃，学生参与度比较高，但对课本知识的把握有所欠缺，后期在给偏科生补课的时候，通过对课本进行深入研究，已经有所改善。指导老师对我的教学语言、板书、PPT以及教学设计提出了总体要求，我也在老师们的帮助下达到了标准。虽然实习班级是没有选择地理的合格考班级，但我还是积极备课，认真批改作业，希望学生在我的课堂中能够尽可能多地感悟到地理的魅力所在。

这次实习不仅让我学到很多专业知识，对我的人生观和价值观等也产生了巨大影响。希望在以后的日子里，我能继续保持对教师的热爱，不断学习，不断创新，成为一名合格的人民教师，不负学校对我的期冀。

丛嘉琪日记(节选)

2021.03.25

上午听了赵老师的一节课《长江经济带发展战略》。他首先提出本节课的课程目标，以及如何通过本节课的学习，培养学生地理四大核心素养。对长江经济带的分析必须以核心素养为基础，要先给学生展示地理学的主要思想：整体性和差异性，因地制宜，人地关系。本节课是对前面所学人文和自然地理知识的总结。通过本节课教会学生对知识点的迁移，学会利用分析长江经济带的方法和思路去分析其他地区的问题。

下午我们作为实习班主任参加了高三年级班主任会议。高三下半年是学生情绪最容易产生波动的时期，而且最近高三一模难度较大，学生很容易因为考试失利而深受打击，所以作为班主任必须要时刻关注学生的情绪和心理变化。对于班级排名靠前的学生，不能让他们压力太大，对考试产生害怕心理和抵触情绪。对于班级排名相对靠后的学生，更不能让他们自暴自弃，一定要鼓励他们继续复习，坚持到底，多学一点是一点，能多考一分是一分。

无论学生现在的学习情况如何，我都希望他们能够尽自己最大的努力，在高考中发挥出最高的水平。

李迪日记(节选)

2021.03.19

今天我听了徐老师的一节公开课《城镇化》。从课堂导入到总结,徐老师每个部分都讲得非常有条理,而且学生也积极参与互动。徐老师的声音铿锵有力,讲课充满激情富有活力,听了之后让人热血沸腾。听完课,徐老师与我们五个实习老师在办公室进行了交流,不但讨论了这节课到底该如何讲才会更好,还和我们讲了许多关于将来就业,参加教师从业技能大赛的事情,带给我们很多听课以外的知识,让我对教师这个职业有了更深入的认识。

我觉得真正的好老师,需要学会接受别人的建议。徐老师的备课材料做得非常细致,包括每一部分过渡及着重强调的话都写在了上面。徐老师还给我们安排了一节公开课,五个人同时讲一节课,即同课异构,想让我们得到充分的锻炼。接下来的时间我要好好备课,先找一个班进行试讲,然后再找一个班作为授课班级进行授课。

徐老师是我们学习的榜样,我希望以后也能成为一名像徐老师一样优秀的老师。

2021.04.13

今天给高一9班上了一节习题课,也许是我第一节课经验不足的原因,学生的状态都不太好,有点睡意蒙眬的感觉。加之当时我与学生互动较少,课堂气氛也不活跃,整节课下来效果并不是很好。晚上我的指导老师闫老师说,你总想把知识一股脑地塞给学生,但是前期并没有对这些知识进行适当地引入,没有做好铺垫,这样学生理解起来非常吃力,很难接受。其实,当时听了闫老师的话心里挺难受。尽管是习题课,但是我认真准备了很久，却没有达到理想的教学效果。

我是一名实习老师，还有许多地方要学习。以后我会认真备课，教好每一节课，虚心向别人学习，接纳别人的意见，努力变成更好的自己。

2021.04.16

我总结一下这段时间的感悟。

上课过程中，我遇到了许多困难。如课堂秩序难以维持，学生管理不得法，无法让学生很好地配合课堂等。这一连串的考验使我越挫越勇，更让我懂得，作为一名教育工作者，要想方设法地创设良好的教学氛围，在教学活动中建立平等的师生关系，把自己当成班级的一员，走进学生，以此来促进学生的学习。

"知之者不如好知者，好知者不如乐知者。"对于已经具备了一定的自学能力，但还不能完全独立思考的高一学生而言，我的体会是要充分地调动他们的主观能动性，培养他们的学习兴趣，使他们尽可能地在轻松的氛围中学习。我采用的是以学生为主、教师为辅的启发式教学方式，适当列出提纲，设置思考题，在关键处加以点拨。这样，他们学习的进取性和主动性便可以更好地发挥作用，由"要我学"转化为"我要学"。与此同时，批改作业的时候要及时发现学生存在的问题，纠正学生的错误，及时引导，这对学生进一步提高十分重要。通常我都会对作业进行严格批改，指出其优点和不足，强调改正缺点的重要性，并根据各个学生的问题写上激励的评语加以勉励。

身为教育工作者，必须要有足够的耐心和爱心去爱护每一个学生，尽最大努力为学生的发展提供服务。

刘佳音日记(节选)

2021.06.09

近1个月的实习经历告诉我,要想把课讲好,课前必须做好充分准备。首先,讲的内容必须熟记在心,至少学生提出的问题不能卡壳。其次,要精心安排课堂的每一个环节,让每一个环节都生动有趣,环环相扣,系统地向学生讲授知识。

在实习中,我收获颇丰。工作上的进步只是其中一部分,更重要的是,在尚未走出校园时就拥有独立的工作体验,这无疑是难得而珍贵的社会体验。感谢领导及老师给我提供这样一个学习和交流的机会。不得不承认,我的实习更像一次独立的学习,而不是一份工作。通过这段时间的实习,我对未来的工作充满了期待。

2021.06.19

这段时间,我主要在进行自我反思。大学学的不是知识,而是一种自学的能力,在这次实习中我才深刻地体会了这句话的含义。除了英语和计算机操作外,课本上学的理论知识用到的很少。我之前上课几乎没怎么用到自己所学的专业知识,只是在参考课本,并借鉴刘老师或办公室其他老师的经验。

在这个信息爆炸的时代,知识更新太快,我们依靠原有的一点知识跟不上时代的发展,所以在工作中必须勤动手,慢慢琢磨,不断地学习和积累,遇到不懂的地方,自己先想方设法解决,实在不行,再虚心请教他人,获取教学所需的新思路和新方法。

刘玟雨日记(节选)

2021.03.22

今天下午我接到一个新的挑战——正式开始上课！这是一个全新的挑战，也是一次提升自我的机会，所以我要好好把握，积极备课。

讲授内容是《污染物跨境转移与环境安全》。我从"某镇的电子垃圾"开始进行教学导入，由电子垃圾开始导出"什么是污染物？"，并找了几张关于污染物的图片，让学生进行自主判断，由此进行污染物分类教学。然后让学生自行阅读教材并找出污染物跨境转移的两种形式，再进行回答。随后分别对两种形式进行举例说明，基于此进行"污染物跨境转移对环境安全的影响"的探讨，从污染物跨境转移的两种形式出发学习自然和人为两种影响。最后我引导学生进行"污染物跨境转移的防控"学习。我找了一个有关洋垃圾介绍的小视频，让学生通过观看视频，在巩固学习的同时，增强环境保护的意识。巩固练习时，我找了几个与本节课相关的判断题和材料分析题，让学生当堂检测知识的掌握程度。

晚自习我在办公室备课时，5班的两个同学特地来到办公室对我表示欢迎和鼓励，我非常惊喜，非常感动！这一刻，我体会到了来自学生的热情和作为一名教育工作者的幸福感。

2021.03.23

今天上午我在5班进行了第一次正式授课，过程难免有些紧张，但在同学们的积极配合下我很快找到了教学状态。

真实的课堂教学，教室里坐的都是会思考、会回答的学生，所以教学过程具有很大的变动性，比较考验教师的随机应变能力。与微格教学不同，课堂教学不仅要求教师做到和学生实时互动，还要及时对学生的回答做出反应。

下课后荆老师对我的课给出了准确又中肯的点评，鼓励和表扬我的同时也点出了我存在的问题。非常感激荆老师对我的细致指导以及同学们的积极配合。

上午第五节课我又去旁听了张老师的课，发现自己和张老师还存在很大的差距。

中午，根据荆老师指出的问题和我听课后的感受，我对本节课进行了教学内容的补充和完善，调整了教学顺序并添加了新的教学内容。

下午给7班同学上课，我明显比上午更自信了，教学过程也更加流畅顺利。

2021.04.12

上午我在7班进行了第一遍授课，感觉教学质量不是很好，学生参与度不高，课堂上提出的问题学生也不能及时回答。针对最近的教学实情，我对自己提出以下几点问题进行教学反思：

（1）设置的教学目标学生是否清楚？

在上学期徐志梅老师讲授的《地理教学导论》一课中，我明确了一件事——教学目标是为学生设置的，不是教师的教学目标。教学目标主要包括三大部分：知识与技能、过程与方法和情感态度价值观。

我将知识性目标进一步分为认识水平、理解水平和应用水平，让学生仅通过教学目标就能把握本节课的重难点。在此基础上，进一步修改教学目标，让教学目标更具有可操作性和可检测性，以此来检测和巩固本节课的学习效果。

（2）学生自主学习过程是否有效进行？

在之前的课堂教学中，我一直对学生自主学习的理解存在很大的误区，我认为自主学习过程只是教师在旁边观看学生的预习进度，而学生不过是简单地阅读课本。通过观察其他老师的课堂教学，我发现我的课堂并没有对学生自主学习过程进行详细的安排，设置的学习内容也没有明确的分层。此外，在时间的安排上也不太合理。留给学生自主学习的时间过长，学生容易出现走神的情况，大大地降低了课堂效率。

针对以上我在课堂教学实施中出现的问题，并结合指导老师的评价，我总结出以下几个办法来解决：首先，尝试将学习内容分模块进行预习，针对不同的学习内容分层来进行学习；其次，学习内容由浅入深，这样才更符合学生的学习习惯；再次，将主动权交给学生，让他们自行规划时间。

（3）学生讲解是否能代替教师讲解？教师如何做好引领？

在课堂教学过程中，如果学生讲解得特别好的话教师起什么作用呢？教师在课堂教学中起主导作用，而学生起主体作用。

教师在课堂教学中也应该注意把每次的课堂教学都当成舞台表演，组织好语言，分层次进行教学。我觉得思维导图可以较好地厘清教学思路，有利于开展教学。

（4）教师应如何关注"学弱"群体的学习效果？

每个班级都有成绩不理想或是内向的学生。针对成绩不理想的学生，我主要采取课上多提问，下课多检测的方式；针对性格内向的学生，主要采用鼓励式的教学方法。

（5）教师是如何进行赏识与激励的？

刚开始，我的课堂点评简单粗暴，仅仅进行了对错判断，没有对学生的回答加以鼓励和赞许。在指导老师的纠正下，对于课堂中表现较好的学生，我会用鼓励式的语言对他们进行肯定。而表现不好的学生，我也会激励他们不断改进。

（6）教师在教学中投入了怎样的感情？

我带的两个班级课堂氛围都非常活跃，对于我提出的问题也能做到积极思考，课堂互动也很融洽，少有课堂冷场现象。刚来到这里时，我上课的情感主要是学生带来的，他们活泼开朗的性格深深地感染了我。现在上课我非常开心也非常激动，希望可以和同学们共同保持这份积极性。

（7）教学检测是如何落实的？

教学检测主要分课堂检测和课后检测两部分。课堂上主要以提问的形式进行检测；课后则通过随堂练习来进行检测。

（8）教师检查时如何顾及不同层次的学生？

我对学生知识掌握程度的检查主要在课堂上解决，对不同阶段的学生提出不同难度的问题，让每个学生都有参与课堂提问的机会。但我发现一个问题，学生普遍存在学过就忘的问题，需要教师在课堂上不断重复之前学过的知识点,加深学生对知识点的理解和认识。

(9) 课堂中师生有多少无效劳动?

可能是因为新鲜感,目前我的课堂上还没有出现学生打闹的情况,只有极少数情况下会出现起哄现象,但稍加制止后,学生就会立马进入学习状态。

徐晓倩日记(节选)

2021.04.12

　　今天上午第二节课，我给13班的同学上了一节习题课。这是我第一次真正意义上的登台讲课。上课铃响起的瞬间，我的心跳瞬间加快；同学们在黑板上写下需要讲解的题号，看着黑板上的题号，我有些紧张。出师不利，要讲解的第一道题没有讲好。虽然在课下练习了很多次，但是在开口的瞬间，还是磕磕巴巴。好在接下来的题目我开始冷静下来，讲题逐渐熟练，语言也变得流利了许多。课堂后半段我就不再紧张了。最后快下课的时候，因为部分题目比较难，讲起来有些吃力，毕老师提议让同学们自由讨论3分钟，这节习题课就以这种形式收尾了。

　　课下毕老师对我这节习题课进行了点评，希望我声音再大些，抑扬顿挫，多在教室走动，多和学生沟通交流，可以适时引起学生兴趣，引导学生回答。

　　我需要学习和改进的地方还有很多，接下来我会虚心接受老师的建议，不断学习，不断改进，快速提高教学能力。

2021.04.13

　　近期考试完班里出现了学生压力大，找老师哭诉的现象。针对不同的学生，老师做了不同的答复。

　　班上一位男生因为和同学闹矛盾跑来找老师，老师的劝说反而让他哭得更厉害了。老师选择等，过了一会儿男生停止了哭泣，也愿意和老师继续聊了。另一位女生因为一些个人原因，心情不好找老师哭诉。老师轻声细语地和她谈心，最终也顺利地解决了问题。这正体现了教学过程中尊重学生的差异性。

德国哲学家莱布尼茨说过："世界上没有两片完全相同的树叶。"物种是有其多样性的，人也是一样。每个学生都是独一无二、不可替代的存在，正是学生的独特性、差异性、个性化要求教师在教学过程中要因材施教。

关于因材施教我们已经见过各种表述：要尊重个别差异，要有的放矢，一把钥匙开一把锁，严禁"一刀切"。对于老师来说，要充分观察，了解学生，关心学生，发现其潜质和闪光点，这是因材施教的前提和基础。

2021.04.14

今天第一次上公开课，对我而言这节课意义非凡。

上午第四节我在15班正式开始了我的公开课。我是这个班的实习班主任，大部分同学我已经能叫出名字。刚上课，同学们全体起立向我问好。在这之前的模拟讲课中，说课稿第一句话"上课！"我对着空气说了无数遍，在这一瞬间，终于有了回应，教师的责任感和成就感油然而生。整节课下来，我向学生传授知识，和学生互动讨论，他们表现得都很好，回答问题也很积极。讲完课，学生在我不知情的情况下集体起立，说"老师再见"。这一刻我突然觉得，能当他们的实习班主任我感到十分幸运。

饭后，毕老师点评了我的课堂表现。比昨天的习题课有进步，教姿教态有了很大的改善，但仍有许多要改进的地方：

（1）声音小，最后边的学生听不清。

（2）PPT个别图片太小，合作探究题看不清题目和条件，影响学生思考。

（3）对课堂的把控能力有待提升。

（4）课堂语言措辞仍需改进，要在课前多加练习。

（5）缺乏对学生的引导，有些问题的提出应该先给学生一点提示，进而引导他们往正确的方向思考。

2021.05.24

今天听到毕老师在办公室里说，教师是个力气活，劳力、劳脑又劳心。教师也是良心活，得用心中的那杆秤来衡量。当教师还得讲策略，要想教好学生，要想学生服从管理，需要和他们谈心，不断揣摩他们的心理。"师者，所以传道授业解惑也。"教育是以心育心、以德育德、以人育人的教育活动。听了毕老师的话，办公室的老师们开始探讨起管理学生的经验。

对于难管的学生，老师们讲了他们的经验和方法。我知道徐校长有自己独特的教育方法，她既可以严厉得让学生连大气都不敢出，又可以温柔得让学生感到如沐春风，纷纷喊她"徐妈"。课间找徐校长问题或者聊天的同学很多，而且大多都是高高兴兴地来，高高兴兴地走。我不禁感叹，这就是教师的魅力吧！

2021.05.31

新的一周在平淡中开始了。马上就要高考了，校园里弥漫着紧张的备考气氛，办公室里老师们在讨论高考考试安排，学生在为要高考的学长学姐们加油鼓劲。周末高一、高二的学生都离开了，高三学子仍然坚守在教室里，稳扎稳打，暗暗蓄力，进行最后的冲刺。

最近几天有几个高三生扛不住压力，情绪上有些崩溃，回到家闭门不出，学不下去又焦躁难安。好在徐老师处理得当。她先和家长沟通交流了一番，让家长放轻松，不要给学生施加压力，然后亲自与学生通电话，以非常亲切的语气让学生从心里信任她，并愿意听她讲话，最后进行鼓励式教育，让学生把心态放平，平常心对待。经过徐老师的开导，学生心态逐渐平稳，下午正常来校上自习。

其实，高考是场拉锯战，比拼的不仅仅是学习成绩，还有心态，越到最后，谁能扛住压力，谁就是赢家。希望高三的学生能稳住心态，发挥出最好的水平！

2021.06.17

晚上坐在办公室备课，一名学生兴冲冲地跑来告诉我："老师，你快出去看看，今天的天空很漂亮！"我好奇地走出去看，发现窗外都是学生，大家都探着小脑袋，叽叽喳喳地讨论着今天的晚霞是多么美丽。天空被染成了浅浅的红色，红色的霞光与夕阳的黄光交相辉映，好似一汪波澜壮阔的赤色海洋。我和学生一起仰望天空，像喝了红酒一样，痴痴地看醉了。其中一位同学突发奇想，扭过头问我："老师，您能用地理知识解释一下这个现象吗？"我当时是有些蒙的，脑子里的知识在飞速运转，好像明白但又不是很确定，以防万一，欣赏完晚霞，我立即搜了搜这个问题的答案。晚自习时，这位同学本着打破砂锅问到底的心理又来找我寻求答案，我运用大气的知识给他解释了这个晚霞的原理。看着他恍然大悟的表情，我很欣慰，学习就是要有这种打破砂锅问到底的精神。

身边处处是地理，生活处处是学问。我们的学习不仅仅局限在课堂和书本上。当我们从厚厚的书本中抬起头，我们会发现，身边还有别样的风景。

闫文迪日记(节选)

2021.04.14

今天又是忙碌的一天。要开始讲课了,我还是没有准备好,一个PPT改了又改,还是不满意。第一节听了小李老师的课。她讲得很出色,从她身上我又学到了不少。比如要以学生为主体,不能只是自己讲,而是要引导学生自己思考总结。

我听完课回到办公室继续修改PPT,又参考徐老师的建议,对PPT的内容进行了精简处理。中午,为了下午的课没有回宿舍,一直在练习。下午听了高二老师的一节公开课。这个老师讲课的特点就是,能把每一个内容都讲得细致入微。

我听完课就去16班讲课了。本以为我是这个班的实习班主任,与学生非常熟悉,我们的配合会比较好,可是结果并不是我想象中的样子。刚开始还好,学生还能跟上,但慢慢地就不配合了。而且,我设计的教学方案也有问题,设计的讨论太多。由于讨论的时间过长,以至于最后没有讲完。没有把控好时间,我觉得这是最大的问题。

下课后,我也一直在反思问题出在哪。其实不仅有学生的原因,我自己也有很大的失误。以后我会多学习、多练习,争取早日成为一名合格的教师。

张慧婷日记(节选)

2021.03.16

今天是我们到实习学校就位的第一天。因为是在家乡所在地学校实习,所以我并未返校,而是直接从家里出发来到了淄博一中。淄博一中也是我的母校,尽管在一中度过了三年时光,但由于是走读生,我确实未曾了解过一中的住宿条件,如今上了大学回校实习,反而要住校了,也是别有一番风味。

来学校的第一天,大家都很兴奋。一中指导老师为我们开了一个欢迎会,介绍了一中的具体情况,也说明了本次实习的一些要求和规范,我都一一记了下来。之后我们便前往高一地理组办公室与指导老师会面,没想到其中还有当年教过我的一位老师,心情自然十分激动。我的指导老师孙老师是一位非常亲切的老师,地理组的其他老师也和蔼可亲,都表示愿意对我们这些实习生倾囊相授,这让我对接下来的实习生活充满了向往。

今天我的任务主要是收拾宿舍,了解学校,面见指导老师。尽管是忙碌的一天,我却觉得异常充实。希望接下来的实习生活一切顺利。

2021.05.26

这周开始进入复习课。我组织了一次用于学分记录的考试,也称得上是模拟考。

但这样的考试由于没有学校及老师的督促,学生也不太重视,成绩自然不是很理想。还有,对处在这个阶段的高中生来说,学习目标并不明确,部分学生缺乏自觉性,要想体现考试的意义比较困难。

从这次考试中能看出很多问题,最主要的还是学生学习不够深入,大多只停留在机械学习的层面，对于社会热点问题和周围现实生活中的问题不能很好地进行分析，没有做到学以致用。在阅卷方面，从学生答题的情况来看，我在授课方面还存在一些不足。希望最后的时间能尽我所能，与学生一起，永远保持一颗学习的心，用更加积极的态度不断努力，实现教学相长。

2021.05.27

指导教师给我们说，前几天的培训重点还是放在备课上，备课必须得充分，只要能调动学生的积极性，上课效果就会好很多。上课资料丰富、现实，教态自然，讲课生动，难易适中，照顾全局，自然能够吸引学生。所以，在备课时我格外关注细节。作为教师，每天都要有充足的精神，赋予学生昂扬的斗志。

教案也是教学前的重头戏。为了做出实用的教案，我专门在网上查找了相关的资料。为了实习第一节课的教案，我接连奋斗了两个晚上，总算写出一篇还不错的教案。虽算不上精品，但至少在上讲台前有了充足的准备。教学中，备课是必不可少的一环。备课不充分，会严重影响课堂气氛和学习效果。曾有一位前辈对我说："备课备不好，倒不如不上课，否则就是白费心机。"这句话让我明白了备课的重要性。所以，我每天都会花很多时间和精力在备课上，认认真真钻研教材和教法，不满意就不收工。虽然辛苦，但事实证明是值得的。一堂准备充分的课，会让学生和教师都受益匪浅。

2021.05.30

今天在实习班级召开了班会，目的是帮助学生明确何为梦想。

班会内容如下：首先设置互动环节，询问学生有无特别想做的事，并根据他们的回答提出兴趣与梦想的关系；接着展示几个名人的梦想，又引用我自己的例子，向学生说明梦想与现实的差距，分析究竟何为现实，如何平衡现实与梦想；最后为他们播放一个励志暖心的小视频，鼓励他们勇敢前进。

整个班会进行得较为顺利，整体符合预期。在这个过程中学生也确实对自己的人生目标有了新的认识，同时也能考虑到现实的影响因素，学习态度也有了一定的改善。

2021.06.21

为期4个月的教育实习已经接近尾声，回顾这段实习生活，收获满满。接下来我将从教学和班主任工作两个方面总结下我的教育实习经历。

教学方面。本次实习我们一共进行了两轮试讲：第一轮试讲《服务业的区位选择》，第二轮试讲学考复习和习题。教学对象均为不参加地理高考只参加学考的班级。在备课过程中，我认识到学习经验丰富的教师的课堂讲授技巧十分重要，因此我事先听了多位在职教师的课，总结了他们共同强调的课程重难点以及他们的授课方式，然后再结合自己的理解与授课逻辑完成课堂准备。在教学实践中，除了要认真钻研课程内容之外，还要对授课班级学生的特点及知识掌握情况有所了解。授课过程中安排的师生互动也要及时进行调整。目前在教学中我已经学会有意识地思考这些问题，但在实践中依旧存在不足，有待改进。

班主任工作方面。班主任工作主要包括维持纪律、早晚静班、开展班会和一对一谈话等。这些工作使我初步体验了如何管理一个班级，加深了我和学生之间的感情，使我对他们的了解越来越深刻。在这一过程中我意识到学生个体之间存在极大的差异，作为班主任要顾及每一位学生。目前我做得还不够好，但我会慢慢学习，尊重学生的差异性，做到因此施教。

在此次的实习过程中，我和学生相处得非常愉快；也感谢指导老师的教导和帮助，让我受益匪浅。

孙燕宁日记(节选)

2021.04.22

今晚刚进办公室，L同学就来找我们倾诉心事了。他晚自习根本学不进去，在教学楼里一直溜达。他感觉自己努力过了，但成绩根本上不去，高一不如他的同学却反超了他，他觉得现在做什么都没有意义，自己就是个loser。他本来还可以走体育这条路，但训练的时候为了躲一个不会足球的人急刹，伤到了半月板，现在变成了慢性关节炎，无法剧烈运动，还有点高血压和脂肪肝。好像上帝把他所有的门和窗都关上了，前途一片黑暗。

我劝他别想太多，现在不到50天就高考了，再提一口气冲过去，也就过去了。不要一直和别人比较，自己过得平安幸福就好。和别人的比较是没有尽头的，不能一味地把同学当成竞争对手，不然即使考上心仪的大学也不会快乐。

我们理解一个健康的身体和强健的体魄对一个体育生意味着什么。无论我们如何安慰他，看起来都有点苍白无力，在他心里还是过不去这道坎。希望这位学生能够早日想明白，努力做最好的自己，不要给自己增加无谓的心理负担。

密华日记(节选)

2021.04.07

今天张老师来看望我们这些实习支教老师。我很庆幸自己有两位负责任的指导老师,一个是学院的张老师,一个是实习学校的周老师。

周老师和另外一位老师以为张老师要听我15分钟试讲是要我说课,于是周老师和我花了一节课时间顺了顺怎么说课,结果张老师是想知道我平时是怎么上课的。

为了不辜负张老师的期望,我赶鸭子上架,讲了在14班已经讲过一遍的《俄罗斯》这一节。效果可想而知,作为一个新手,面对严肃的两位老师,发挥得不是很好。说是赶鸭子上架,其实我心里也清楚,归根结底是自己准备不充分。两位指导老师给了我许多意见,主要有以下几点:一是与学生的互动有点少,要增加互动环节,促进老师对学生的了解;二是要有铺垫,一步一步进行,知识点的转换之间要有顺畅的逻辑;三是要有精彩的吸引人的地方,抑扬顿挫,可以在学生疲乏的时候调动一下学生的积极性;四是要有积极向上能带动别人的精神内核,注意不能让学生影响自己,要自己带起学生的节奏;五是在讲解知识点时要具体,把握好细节。两位老师的反馈一针见血,深入剖析了我的课堂存在的问题,让我有了改进的方向。

中午和张老师一起吃饭,张老师讲了很多,使我受益匪浅。希望下次张老师来的时候我能取得更大的进步。

武玲玲日记(节选)

2021.03.25

路上的樱花都开了,似繁星点点,芬芳漫天。

怀着愉悦的心情,讲了两节课。这两节课我已经能突出重难点,很好地与学生互动。我对之前听过的一句话也有了一些清晰的理解。这句话是这样说的:工作几年之后,就会对第一批学生产生愧疚感。对此,我深有感触。我的前几节课十分糟糕,对重点把握不到位,课堂进度也控制不好。但正是前几节课的锻炼,才有我今天下午两节课的游刃有余。如果有机会,我很想再给前几个班重新上一节课。但是时间不能重来,重来也没有太大意义。

指导老师说我上课已经比之前熟练很多,得到老师的肯定,我心情更好了。每一位经验丰富的教师都是由小白一步步成长起来的,这个过程充满挑战。希望我在这个"升级打怪"的过程中,面对每一个挑战,都做好充足的准备,迎难而上,永不退缩。

2021.04.08

只要肯学习,并有所行动,就会学到很多自己所欠缺的知识。

今天我去听了张老师的语文课。刚开始上课,张老师便让学生复习学过的字词,准备课堂听写。这可能是学生很不喜欢的环节,我中学的时候就很不喜欢课堂听写。我看很多同学不情愿地复习着,有的在用手比画什么东西,仔细观察才明白,原来是在"写字"。很快,张老师也发现了这个问题。我本以为张老师会严肃地批评他们,但是张老师并没有这么做,而是边在教室走动边说:"同学们,周围的空气是大屏幕吗?还是触屏的那种,可以写字吗?"同学们都笑了,也意识到应该拿出本子,将字落实到本子上。

张老师的做法确实很好,这样既能让学生意识到应该怎么做,又不伤学生的自尊心,给足了学生面子,可谓一举两得。

循循善诱,再拨开云雾,会达到更好的效果。每节课的最后,便是总结升华,教师寄语环节。这节课的题目是"时间的脚印",张老师送给学生一段关于珍惜时间的文字,并让学生齐声朗读,以此来总结升华本节课。我本以为这节课到这里就结束了,但是接下来又发生了一件意料之外,情理之中的事。张老师问了一个问题:"同学们,读了这段文字,你们想到了什么?"听到这里我有点疑惑,既然都已经很明显是升华主题了,为什么还要问呢?这不是浪费时间吗?难道八年级的学生了,连这个还不知道吗?张老师提问了七八个学生,大多数学生都答出了"点明主旨,升华主题"之类的答案。但张老师并没让他们立刻坐下,还是一个一个地接着问。最后,张老师说了一句:"你们没有人认为这段文字可以作为自己写作的素材吗?"听到这句话,大家都笑了。"这就是一种学以致用的意识,是一种格局,对于学过的东西不能一笑就过去了。"张老师紧接着说了这句话。

这就又给学生以深刻的印象,或者说是一种教训。同时,又给学生上了重要的一课:学以致用。同样,也给我上了一堂生动的课。

2021.04.13

来实习已经1个多月了,通过这1个多月的实习,我发现了一个很奇怪的现象——几乎没有学生主动来办公室问题。难道他们这段时间的学习没有一点困难或挫折吗?

很长一段时间,我只见过一个男生拿着题目去问我旁边的化学老师,而其他学科老师的办公桌前,几乎从来没有学生"主动光顾",大多数都是老师提前通知学生到办公室。就像今天,来办公室的学生分三类,一类是被语文老师强制要求到办公室背诵古文的学生,一类是犯了错在接受班主任批评教育的学生,还有一类是到办公室问作业的课代表。

我觉得在学习过程中,无论是老师讲过的知识点,还是讲过的题目,总会有一些自己感兴趣的,或是没听明白的,或是自己持有不同看法的,又或是自己苦于没有学习方法,想要寻求帮助的……这些都是可以问的。

获取知识的过程需要学生主动去探索，深入了解。

　　学生应该主动问问题，这是我在中学时便根深蒂固的观念。学生主动问问题，既是对自己所学知识的深度思考，又是对老师教学效果的及时反馈。师生互动增多，师生关系更加亲密，这样老师对学生的学习情况、心理状态、思维方式等都会有更清楚的了解，更有利于"对症下药"。

耿康宁日记(节选)

2021.04.30

明天五一放假,班级整个氛围都比较兴奋。尽管纪律尚且良好,但是我的心情却没那么美妙。因为和实习伙伴谈起我的上课方式,就说到了我昨天上课遇上家长进课堂。

这节内容我已经讲过三次,上课过程中虽然比较紧张但最终顺利讲完。老师为我录制了一个小视频,自责班级时间没有协调好,让我有了如此大的压力。我注意到视频中十几秒的时间内,我竟然没有完整地说出一句话,看到这里我觉得很不好意思。我又看了教室监控回顾我上课的情况,更是为我的表现感到羞愧。尤其是我为了缓和气氛说自己比较紧张的时候,同组朋友表示杜老师的脸都绿了,还开玩笑地说差点把杜老师坑进校长办公室。不幸中的万幸,来听课的家长都比较宽容。

可是我心里却五味杂陈,泪刷刷地就下来了,一种"怒我不争"的心理油然而生:为什么我讲课无意间就会失去逻辑?为什么写了那么多样稿却把课讲得那么生硬?难道我真没有上台表达的天分?眼泪哗哗的,心里茫然又无措。同组几位伙伴都宽慰我,帮我分析问题,想办法解决问题。首先就是我每节课很大程度上都在模仿其他人的上课方式,没有自己的思想,自然无法将课讲好。其次是我对知识不熟悉,一味地念PPT和课本,朗读般的语调,导致我害怕讲知识,转而讲各种扩展案例,舍本逐末。

痛定思痛,在接下来的实习中我决定减少听课,好好琢磨自己的上课方式,减少案例补充,精简内容。在教姿教态上,减缓语速,放松心态,严肃起来,不断完善自己。

2021. 05. 10

经过深刻的反思与总结，以及一段时间的沉淀，我讲课好像成熟了许多。每次讲课我都更加熟悉知识内容，逻辑上更加清晰，且能根据具体情况对内容进行适当调整。变化仿佛一瞬间就完成了，也好像之前的积累悄然发生了质变。现在，我感觉自己在课堂上舒适了许多，不再是为了上课而上课，而变成了我在确确实实地教授我所知道的知识，引导学生如何学习。

对于教育教学来说，学生是主体，老师是主导，在三尺讲台上，只要我们有一点不自信、不确定，四五十双眼睛都能看出来。因此，我们一定要自信。只有老师自信了，才能传递给学生信心，才能形成一个良好的课堂氛围。

2021. 06. 18

近1个月的实践经历告诉我，要想把课讲好，最好在课前做好充分的准备，熟记每个知识点，熟悉每篇课文，精心安排课堂的每个环节。不过，要想使学生从心里喜欢上你的课，喜欢你这个老师，我们要做的就不只这些。我们不仅要根据学生的近况精心准备班会主题，引选材料，关心学生的近况，还要了解他们的性格喜好、学习成绩甚至是家庭状况，与他们建立友好的师生关系。

看到学生把我当成他们的朋友，每次路过班级都会热情地和我打招呼，不喊我老师而是亲昵地叫我名字，班级有什么新奇的事或他们有什么悄悄话都会和我分享，我觉得我是世界上最幸福的人！

2021. 06. 22

清早在学生的自习中，我们早起收拾行李，打包物品，最后一起坐在教学楼下的凉亭望着办公室的方向沉思。

回忆百天实习，感触良多。

在教学实践中，通过不断学习与改进，我逐渐形成了自己的教学风格。我渐渐发现，对于老师来说，教师本身的知识储备并不是教学的决定因素，最重要的是教师对知识的理解程度及运用能力。除了课上，在课下的各种教学锻炼中我也得到了很大的提升。比如在批改作业中可以了解学生的思维方式、思维深度，为教学问题的设计提供帮助；课间操期间，在与学生的共同锻炼中可以观察学生的精神面貌。

在见习班主任工作中,我体会到了班主任工作需要细心与耐心,增强了我身为教师的责任心。班级中事无巨细,事事都值得班主任参与,从而促进学生形成正确的世界观、人生观和价值观,让学生具备更好的认识世界的能力。

非常感激淄博一中为我们实习生提供良好的实习条件,让我们学习良多,成长良多,收获良多。老师们、同学们,我们会想你们的!

王伟鸿日记（节选）

2021.03.23

  上午第三节课，我跟着宋老师去听了一节习题课。宋老师把我带进教室，教室里响起了热烈的掌声，几个小姑娘举着手喊："老师来我这，老师来我这。"那一瞬间，我内心被幸福和感动填满，感觉被学生所喜欢，是一名教师最大的荣幸。我坐下之后，学生偷偷告诉我："老师，你昨天讲得太好了，你在我们班特别受欢迎呢。"这是学生对我的肯定，我能感觉到他们对我的喜欢、对知识的向往，我也会尽我最大的努力把自己学到的、了解到的传授给大家。

  上课后，宋老师首先带领学生复习了上节课所讲的内容，然后让学生拿出练习册，完成相应的练习题。随后让学生说出自己的答案，并分析原因，也就是让学生给大家讲解。这样，发挥了学生在课堂上的主体地位，充分调动了学生的积极性与主动性。学生分析完，老师再加以补充说明，强化学生对知识的记忆。我觉得这种课堂形式有利于学生积极主动地思考，非常值得借鉴。

2021.04.08

  应学校通知，今天上午第二节课听了高一语文组王萍老师的校内示范课——《雷雨》。老师先让学生根据上节课所学的内容梳理人物关系，导出下一部分要讲的内容。接着给学生播放了《雷雨》的两段视频，让学生通过视频分别总结视频里的人物性格，极大地激发了学生的兴趣。同时，老师通过帮学生回忆故事情节引导学生思考人物性格。紧接着，老师找了三组同学表演《雷雨》中的片段，课堂氛围达到了高潮。第一组是两位女同学，分别扮演周朴园和鲁侍萍，她们把人物性格刻画得形象生动，鲁侍萍的善良、温柔、隐忍和周朴园的阴险、冷酷、无情都表现得淋漓尽致。令我印象最深刻的是第三组中鲁大海的扮演者，他气愤时颤抖的手，以及愤怒地拍打桌子，与周朴园争吵，无一不反映出鲁大海积极乐观、敢于反抗的先进分子形象。最后，老师通过采访角色扮演者如何刻画人物来分析人物性格，让所有学生自由发言补充人物性格。

　　这堂课通过播放相关视频调动了学生的学习积极性，极大地激发了学生的学习兴趣；又通过角色扮演让学生参与课堂活动中，发挥了学生的主体地位，有效地提高了学生在课堂上的参与度。这是一堂非常生动、非常成功的课，值得我们好好研究，应用到地理教学中去。

张新宇日记(节选)

2021.04.02

转眼间,教学实习的第三周已经过完了。

通过不断听其他老师的课,我总结了一些课堂要点:

(1)教师的指引要到位。这是我听课后最深切的感受,也是最大的收获。通过听课并与自己的课做比较,我发现自己上课时在引导学生方面做得还很不足。老师讲课引导很重要,虽然老师自己的话不多,但是却能引导学生从一个问题走向另一个问题,一步一步循序渐进。老师的这种引导,可以让学生逐渐打开思路,在循序渐进的过程中实现能力的提升。回想自己的课堂,很多时候其实是在牵着学生的鼻子走,自己带到哪里,学生就跟到哪里。同样是教,同样是引导,而我却是在指挥。所以,今后我还要多向有经验的老师学习,深入他们的课堂去观察,同时借鉴不同专家的教学实例进行对比和学习,不断提高自己的教学能力。

(2)教师用语要恰当得体。教师的课堂用语对于教学有很大的意义。课堂用语包括两个方面,一个是通过声音传递的语句,另一个是你的肢体语言传递给学生的信号。学生回答问题,你要有明确的回复;学生回答错误,你要及时地引导。细腻的课需要如诗般的语言,慷慨的课需要激昂的语调。教师用语恰当得体,有助于课堂效果的提升。

(3)要能掌控课堂进度。原来我认为自己的课堂掌控能力还可以,但是和学校的老师一比,自己还差很远。如果掌控不了课堂的节奏,很可能导致学生在学习中该认真时不认真,该放松时却提了一股劲。这样一节课下来,学生一头雾水,抓不住重点,学习效率自然大打折扣。因此,要不断学习,提升自己的教学技能,掌控课堂进度,提高课堂效率。

（4）备课是有效上课的前提。首先要认真钻研教材，为"预设"打好基础。教材是教学内容的载体，每一位教师都要认真研读教材，了解教材的基本精神和编写意图，把握教材所提供的教学活动的基本线索，分析教材的思想、方法和学生活动的科学内涵，这样才能体会新教材蕴含的教学理念，备出高质量的教学预案。其次要改变备课模式，变"教案"为"学案"。学生是学习的主人，一切知识经验的获得都依赖于学生的自主建构、自我内化。离开了"学"，再精心的"设计"也毫无意义。教师要充分考虑，预设学生可能出现的情况，并采取相应的对策，即对整个教学过程进行一种有准备、有意识的预设。

范子语日记(节选)

2021.03.09

今天完成了我的第一次课堂,非常激动。

虽然我已经通过高中地理教资面试,也经历过微格教学,但面对实习的第一堂课我还是很忐忑。站上讲台的那一刻,看着台下的学生,我突然意识到这是实战,不是演习。好在我提前做好了准备,整堂课进行得非常顺利。

第一堂课刚开始,我并没有讲解知识,而是先立了我上课的规矩。正所谓没有规矩,不成方圆,先给学生讲明白上课的要求,以后课堂上会更方便管理。

最令我开心的是学生很喜欢我。得到学生的认可是身为老师最幸福的事情之一吧。

2021.06.25

时间如涓涓细流缓缓流过,一个学期的实习生活就要结束了。在沂源四中实习的这段时间,我不仅学到了很多教学实践方面的知识,而且充分地感受到了人与人之间的温情,明白了作为一名教师所肩负的责任。

在教学方面,我承担初一6班、7班、8班三个班级的地理教学任务。真正成为老师才知道,教师所面对的挑战非常多,并不只是简简单单上课那么轻松。在每一堂课开始之前都需要认真地做准备,除了写教案以及制作PPT以外,还要浏览大量的相关习题,从中总结出要考查的知识点,作为课上的重点讲解内容。同时每天还要考虑如何适度适量地给学生布置作业。作业布置是一门学问,要简捷有效,要对作业的质和量进行双重把关,这样才能让作业成为学生的助力而不是负担。

在担任实习班主任方面，我学到很多管理班级的知识和技能。在与学生沟通的过程中，我发现不少学生都存在一定的问题，如学习基础差，跟不上，但很想努力学；聪明但自控能力差；上课爱开小差；对异性有好感等。我会及时和学生谈话，给他们做思想工作，开导他们，帮助他们树立积极的心态。通过谈话拉近了我与学生间的距离，与他们建立了良好的师生关系。组织班会是我当班主任时做得最有趣也最有意义的工作。班会主题是"你比想象中更优秀"，主要是想让学生发掘自己的闪光点，鼓励他们自信乐观地面对自己的生活和学习。

在思想方面，我深刻地体会到"教学相长"的奥妙所在。教和学是互相影响、互相促进的。我在教学的过程中，通过听课、备课、讲课和反思总结，自身能力不断得到提升。而这一切，都要感谢本学期在沂源四中稳扎稳打的历练，以及那么多可爱的学生、优秀的老师的陪伴。经历了这段时间的实习生活，初尝身为一名教师的酸甜苦辣，我更能体会身为一名教师所肩负的责任与使命。在今后的教学中，我会不断思考、不断践行，以期做一个有理想信念、有道德情操、有扎实知识、有仁爱之心的好老师。

后　记

　　作为一名新晋的教育实习指导老师，当看到学校将这么多学生交给我时，我深刻地意识到了我所担负的重任与使命。学生的教育实习只有一次，在实习开始前，我一直在思考如何让这段实习生活过得充实且有意义。迁思回虑，我决定让学生用写日志的方式记录这段实习时光。

　　从学生实习的第一天起，我就对实习学生提出了现在看来极为苛刻的要求——每天以组为单位汇报日记写作情况。于我而言，这表明我必须要对学生的周志进行高质量的批阅，及时跟进、指导，一刻不得松懈。

　　然而，知易行难。在这期间也有学生产生过疑问，自己写日记的意义是什么。我也有两次因工作忙碌一度产生懈怠情绪，好在及时调整了心态。回想自己的初心，扪心自问：你是否真正喜欢高校教师这份职业？你是否真心喜欢自己的学生？你是否真心为学生的前途着想？你是否为党和人民的教育事业负责？带着这一系列的灵魂拷问，我坚定了自己的初心。这4个月我理应为我的学生树立一块丰碑，让学生更有动力，更努力，更自信，更爱自己。

　　好在该学期我的课程较少，我有更多时间参与学生的教学指导。在家人的理解和支持下，我全力去完成对学生的现场指导，在这个过程中也收获了不少赞美与掌声。我从与学生的文字互动中也看出，学生对记录实习生活由起初的不解到后来感触良多，越来越用心地记录实习日常，最终超出了我的预想。

　　本书得到山东师范大学地理学学科建设经费的资助（422—118013），是大中小学地理教育"教·学·研·训"共同体（山东师范大学地理与环境学院和山东省教育科学研究院教学研究室联合建设）的重要组成部分。学生的教育实习得到山东师范大学教务处、山东师范大学地理与环境学院,以及淄博一中、淄博五中、海阳四中、莱阳四中、沂河源学校、沂源三中、沂源四中、历山中学等实习学校的大力支持。辛怡、姬梦怡、朱姿颖、郭春玲、王倩倩、黎宗鑫、陈琳舒、李鹃、崔若彤、金珊、张筱珣、郭怡慧、于佳禾、向庚尧、陈诗睿、郭梦玮、葛昊鑫、谭聿华、齐景斌、王嘉诚、李嘉栋、张苗苗、张妮婷、魏昕、邱广燕、刘梓彦、李贤堃等同学在后期书稿的整理方面做了大量的工作。在此一并表示感谢!

  本书的出版更离不开中国社会科学出版社的大力支持以及责任编辑李金涛先生的全程指导。李金涛先生在书稿的选题、修改、出版等过程中提出了大量建设性的意见和建议。通过双方多次远程沟通,我们对修改意见进行了深入交流和探讨。从初稿到出版,历经10个多月8轮修改,最终书稿质量获得了质的提升。李金涛先生不但在业务上专业、敬业、负责、精益求精,同时也积极关心高等教育事业的发展,在高校师范专业实习上也给予了足够的关注,是心系一线教育事业发展的热心人士。在此,我们再次对中国社会科学出版社及责任编辑李金涛先生致以诚挚的谢意!

  "涓涓细流汇成海,点点纤尘积就山。"教育需要我们点滴的积累,需要给学生足够的耐心,给自己足够的信心。时光流逝,经历成书,为的是更好地纪念。守初心,爱教育,爱学生,爱自己,做一个对学生、对教育负责的高等教育执教者,对得起"老师"这个称谓。

  以此来对《师范专业教育实习全程指导——初教心路》的编写心路进行总结。

张军龙
2022年7月12日于山东师大长清湖校区